UN MINUTO PARA POTENCIAR TU MEMORIA

UN MINUTO PARA POTENCIAR TU MEMORIA

EJERCICIOS RÁPIDOS PARA MEJORAR TU ENFOQUE Y CAPACIDAD INTELECTUAL

FRANK MINIRTH, MD

UN MINUTO PARA POTENCIAR TU MEMORIA
Ejercicios rápidos para mejorar tu enfoque y capacidad intelectual

Originally published in English under the title *ONE MINUTE MEMORY BOOSTERS*, by Revell, a division of Baker Publishing Group, Grand Rapids, Michigan, 49516, U.S.A.
All rights reserved.
Traducción al español por:
Belmonte Traductores
www.belmontetraductores.com

Edición: Henry Tejada Portales

ISBN: 979-8-88769-320-0
eBook ISBN: 979-8-88769-321-7
Impreso en los Estados Unidos de América
© 2024 by Frank Minirth

Whitaker House
1030 Hunt Valley Circle
New Kensington, PA 15068
www.espanolwh.com

Esta publicación tiene como objetivo proporcionar material útil e informativo sobre los temas tratados. Los lectores deben consultar a sus profesionales de salud antes de adoptar cualquiera de las sugerencias contenidas en este libro o de extraer conclusiones del mismo.

El autor y el editor renuncian expresamente a la responsabilidad por cualquier efecto adverso que pueda derivarse del uso o aplicación de la información contenida en este libro.

Por favor, envíe sugerencias sobre este libro a: comentarios@whitakerhouse.com. Ninguna parte de esta publicación podrá ser reproducida o transmitida de ninguna forma o por algún medio electrónico o mecánico; incluyendo fotocopia, grabación o por cualquier sistema de almacenamiento y recuperación sin el permiso previo por escrito de la editorial. En caso de tener alguna pregunta, por favor escríbanos a permissioneditor@whitakerhouse.com.

1 2 3 4 5 6 7 8 9 10 11 31 30 29 28 27 26 25 24

Contenido

Introducción 9

PARTE 1 **Evaluación** 13

PARTE 2 **Potenciadores de la memoria** 23

PARTE 3 **El estrés y tu cerebro** 145

PARTE 4 **La ansiedad y tu cerebro** 161

PARTE 5 **Memoria y propósito** 173

Conclusión 195
Apéndice: Respuestas 197
Biografía 201
Notas 205
Acerca del autor 207

Cerebro a bordo
No lo ves ni lo sientes. No puedes oírlo o sostenerlo.
Ojos que no ven, corazón que no siente.
No vayas sin rumbo por los treinta, los cuarenta y los cincuenta, y entonces comprendas de repente que tu cerebro se debilita.
No te conformes solamente con que sea
"bastante bueno".
Te mereces algo mejor que eso.
No des por sentado tu cerebro.

Introducción

La memoria importa

En celebraciones de cumpleaños oigo frases como estas: "Los treinta son los nuevos veinte". "Los cuarenta son los nuevos treinta". "Los cincuenta son los nuevos cuarenta". La gente presume de lucir y sentirse más joven que sus padres cuando tenían esa misma edad cronológica.

Queremos que nuestras mentes también se mantengan dinámicas, pero después de la secundaria o la universidad, algunas personas nunca más vuelven a agarrar un libro o tomar otra clase. Mientras más agudo y equipado mantengamos nuestro cerebro, mejor soportará los rigores del envejecimiento, protegerá nuestro bienestar, y eso conducirá a sentir satisfacción en la vida.

Todo el mundo quiere sentirse feliz, sano, amado, razonablemente próspero, y disfrutar de relaciones satisfactorias. Estos deseos en lo más profundo nos mantienen motivados. Nuestras decisiones se basan en esos deseos y también en hábitos, demandas de otras personas, deseos impulsivos y planes conscientes. Y cada día decidimos qué pensamientos mantener y qué palabras decir, y qué hacer y no hacer. Cada una de esas decisiones tiene repercusiones de amplio alcance. Poco a poco, formamos patrones que dirigen nuestras vidas y nuestras interacciones interpersonales.

Algo que puede que no hayas considerado es que nada de eso es posible sin un cerebro sano. Tu mente controla la conducta, y si tu estado mental está en riesgo, los días, semanas, meses y años pueden ser difíciles para ti y para tu familia.

Espero que este libro te motive a revitalizar las decisiones saludables. Está bien comenzar con los pasos más sencillos. Simplemente comienza.

No dejes que la naturaleza solamente siga su curso

Si has llegado ya a los treinta y tantos años, el proceso de envejecimiento natural de tu cerebro ha comenzado. Puede tomarte más tiempo memorizar y aprender cosas nuevas, y tu fluidez verbal, percepción y habilidades de razonamiento pueden ser más lentas.

Los cambios en la mente y el cuerpo continúan en cada fase de la vida; sin embargo, cuanto más envejecemos, más drásticos parecen los síntomas: nuestro cabello y nuestra piel se ven diferentes, y con frecuencia comienzan a desvanecerse los recuerdos. Todas las personas lo sentirán en algún momento, pero hay ayuda y esperanza para mantener nuestra mente intacta a lo largo de los años de la vejez.

¿Quieres tener una mente aguda? Es posible a cualquier edad

Cuando una de mis hijas era más joven, le pregunté: "¿Quieres potenciar tu capacidad mental?". Respondió afirmativamente. Ahora es doctora y psiquiatra.

Como respuesta a la petición de ayuda de un pastor ya anciano y débil, con su memoria debilitada, le pregunté: "¿Quieres potenciar tu capacidad mental?". Sí que quería. Ha vuelto a predicar y está disfrutando de un ministerio próspero.

Es alentador saber que la capacidad cerebral puede ser aumentada a cualquier edad: en la niñez, la adolescencia, los primeros años de la edad adulta, la madurez, e incluso en los años de vejez. Los beneficios de controlar, desafiar, dirigir y mejorar nuestra mente son muchos, entre los que se incluyen demorar el declive cognitivo o ralentizar la progresión de la enfermedad de Alzheimer.

Una nota personal

Cuando me gradué de la facultad de medicina hice el Juramento Hipocrático, que es una tradición para los médicos cuando comienzan la práctica de la medicina. Varias frases de ese juramento me han inspirado a lo largo de mi carrera para fomentar el cuidado mental preventivo para ayudar a las personas a evitar o aliviar los efectos devastadores de las enfermedades mentales.

A continuación incluyo algunos extractos:

> Intentaré prevenir la enfermedad siempre que pueda, porque la prevención es preferible a la cura.

> Recordaré que sigo siendo un miembro de la sociedad, con obligaciones especiales hacia todos mis semejantes, tanto aquellos que están en plenas facultades físicas y mentales, así como los enfermos.

Los libros que he escrito y los años de realizar programas radiales de entrevistas fueron una respuesta a esos compromisos. Me he enfocado en educar a las personas acerca de la salud mental, para que puedan ser conscientes y reconocer problemas en sus primeras etapas. Este libro es mi "llamada a la acción" continuada para alentar a todos a que protejan su mente y su calidad de vida en el largo plazo.

Dr. Frank Minirth

PARTE 1
EVALUACIÓN

Es tu decisión

Tus decisiones trazan el rumbo de tu vida, para mejor o para peor. Si tu edad está entre los treinta o cuarenta años, tienes a tu favor el tiempo, el impulso y experiencias en la vida. Para estar sano, tu cerebro necesita ejercicio regular, descanso, nutrición y ajustes. Las decisiones diarias pueden ser tan importantes como las decisiones importantes que tomas. ¿Están dañando o ayudando a tu salud cerebral tus decisiones en cuanto a estilo de vida?

Responde este cuestionario rápido.

	Sí	No
¿Comes comida chatarra y azúcar?	___	___
¿Estás sentado la mayor parte del día?	___	___
¿Pasas horas viendo televisión o navegando por el internet?	___	___
¿Te sientes generalmente estresado o ansioso?	___	___
¿Pasas más tiempo viendo televisión que leyendo libros	___	___
o haciendo ejercicio?	___	___
¿Pasas a solas la mayoría de tus días?	___	___
¿Tienes una enfermedad crónica?	___	___

	Sí	No
¿Tienes una adicción malsana?	___	___
¿Tienes un problema de peso?	___	___
¿Duermes menos de siete horas cada noche?	___	___

Mientras más respuestas positivas tengas, más puede que necesites un ajuste de tu cuidado cerebral.

¿Por qué quieres una mente más aguda?

Pon una marca en todos los siguientes motivos que apliquen para ti. Esto te animará a mejorar tu aptitud mental, y también puede ayudarte a aclarar tus metas en el corto y largo plazo, tus fortalezas, y las áreas de mejora.

Quiero mejorar mi capacidad mental para así poder:

- ☐ disminuir la probabilidad de pérdida de memoria en años futuros
- ☐ mantener mi nivel actual de memoria y función cerebral
- ☐ mejorar mi autoestima
- ☐ mantener la independencia tanto tiempo como sea posible
- ☐ mejorar mis habilidades de toma de decisiones y resolución de problemas
- ☐ facilitar mi avance profesional
- ☐ mejorar mi memoria en el corto y el largo plazo
- ☐ evitar situaciones embarazosas (por ejemplo congelación cerebral, lagunas mentales)
- ☐ mejorar mi rango de atención y concentración
- ☐ mejorar mi desempeño académico
- ☐ realizar más tareas simultáneamente (lo que en realidad implica cambiar el enfoque muy rápidamente)
- ☐ ser más eficiente en las rutinas diarias
- ☐ actuar regularmente a mi mejor nivel
- ☐ mejorar mis relaciones

- [ ] actuar mejor en los negocios y en situaciones sociales (por ejemplo recordar nombres y detalles)
- [ ] reducir el estrés de manejar todas mis responsabilidades
- [ ] acentuar mis fortalezas personales
- [ ] mantener conversaciones más inteligentes
- [ ] disfrutar de más intereses y actividades especiales
- [ ] detener o revertir el declive cognitivo (la cognición es el proceso mental de adquirir conocimiento y comprensión mediante el pensamiento, la experiencia y los sentidos)

Autoevaluación: ¿Cómo me va?

Hay mucho que decir sobre motivación, sentido común y agudeza mental. Nos sirven muy bien en todo lo que hacemos.

Tanto como sea posible, escoge mantenerte en una zona sana: mentalmente, físicamente, emocionalmente y espiritualmente. Buscar de forma constante la automejora es un proceso que requiere una serie de buenas decisiones. Hay verdad en la frase que dice: "Nosotros tomamos decisiones, y entonces nuestras decisiones nos forman".

Al evaluar tu salud cerebral personal, los siguientes factores pueden guiarte. Es una instantánea de los factores de estrés actuales que pueden obstaculizar tu salud mental y física.

Nota: esta breve autoevaluación puede verse influenciada por tu estado mental actual, dependiendo de si te sientes seguro de ti mismo o estresado. Considera cada uno de los siguientes asuntos desde un punto de vista sincero, general y perspicaz.

Pon una marca en cada una de las áreas en las que tal vez necesitas ayuda o que puede que necesites cierta mejora en tu vida:

- ☐ desempeño general
- ☐ enfermedad
- ☐ relaciones
- ☐ adicciones
- ☐ estado de ánimo
- ☐ decisiones sanas
- ☐ ejercicio
- ☐ aprendizaje de cosas nuevas

- ☐ medicamentos / drogas
- ☐ acuerdos de negocios
- ☐ ansiedad
- ☐ nivel de dolor
- ☐ pasatiempos
- ☐ sucesos importantes recientes/cambios
- ☐ historial familiar
- ☐ abuso
- ☐ desperdicio de tiempo
- ☐ actitud
- ☐ síntomas físicos
- ☐ dieta
- ☐ desempeño laboral
- ☐ productividad
- ☐ peso
- ☐ memoria /cognición
- ☐ sensibilidad
- ☐ toma de decisiones
- ☐ nivel de estrés
- ☐ administración del tiempo
- ☐ confusión
- ☐ hábitos de sueño
- ☐ aspecto
- ☐ codependencia (adicción a personas, conductas o cosas)
- ☐ rasgos personales
- ☐ tecnología / hábitos de televisión
- ☐ autoestima
- ☐ otros asuntos

Autoevaluación: ¿Eres un aprendiz de por vida?

El aprendizaje de por vida es deliberado y voluntario. Es tener una actitud positiva hacia las oportunidades personales y profesionales. Puede potenciar tu confianza y tu autoestima, hacer que seas menos reacio al riesgo y más adaptable al cambio, ayudarte a disfrutar de una vida personal más satisfactoria, y ser divertido.

	Sí	No
¿Crees que puedes mantener tu agudeza mental?	___	___
¿Experimentas algún deterioro mental?	___	___
¿Usas tu tiempo libre sabiamente?	___	___
¿Conoces tu estilo de aprendizaje natural?	___	___
¿Utilizas alguna técnica de memoria?	___	___
¿Quieres mejorar tus habilidades de lectura?	___	___
¿Tienes interés en mejorar tu vocabulario?	___	___
¿Tienes la fuerza de voluntad para ejercitar tu cerebro?	___	___

	Sí	No
¿Tienes un propósito de vida claro?	___	___
¿Necesitas hacer algún cambio de estilo de vida?	___	___
¿Aprovechas la formación en el lugar de trabajo?	___	___
¿Tienes en marcha algún proyecto de aprendizaje?	___	___

PARTE 2

POTENCIADORES DE LA MEMORIA

¿Qué sabes?

Prueba tu conocimiento y también reaviva viejas sendas de memoria con los siguientes cien hechos de conocimiento general. Si no conoces las respuestas, por favor consulta la información que hay en el internet en lugar de simplemente suponer. La información perdurará por más tiempo en tu memoria cuando busques las respuestas por ti mismo. Cuando hayas determinado y registrado todas las respuestas correctas, repásalas con frecuencia por varios meses para llevar ese conocimiento a tu memoria de largo plazo.

		Verdadero	Falso
1.	Robert Frost, el poeta estadounidense más popular del siglo XX, escribió "El camino no elegido" y "Un alto en el bosque en una noche nevada".	___	___
2.	¿Son correctas las siguientes definiciones?		
	a. biología: el estudio de las cosas vivas	___	___
	b. química: el estudio de elementos, compuestos y sus reacciones	___	___
	c. física: el estudio de la interacción de materia y energía	___	___
	d. sintaxis: el estudio del orden de las palabras y su relación en las oraciones	___	___
	e. geología: el estudio de la tierra	___	___

	Verdadero	Falso
3. El hidrógeno tiene un número atómico de 1.	___	___
4. Un láser es un rayo de luz.	___	___
5. ¿Son correctas las siguientes asociaciones?	___	___

    Estados Unidos de América — Washington, DC
    México — Ciudad de México
    Rusia — Moscú
    Suiza — Berna
    Reino Unido — Londres
    España — Madrid
    Irán — Teherán
    Irak — Bagdad
    Japón — Tokio
    Australia — Canberra
    Egipto — El Cairo
    Bahamas — Nassau

6. Las monedas varían según el país. ___ ___

    ¿Son correctas las siguientes asociaciones?

    USA — dólar
    Rusia — rublo
    Suiza — franco
    México — peso
    Arabia Saudita — riyal
    Reino Unido — libra
    Israel — shekel

¿Qué sabes?

		Verdadero	Falso
Sudáfrica	rand		
Gana (Costa Dorada)	cedi		
Irak	dinar		
China	yuan		
Japón	yen		
Suecia	corona		

7. Los Alpes están en Suiza, y el Himalaya está en Nepal. ____ ____

8. La abreviatura de "por ejemplo" es p. ej., y la abreviatura de "es decir" es *i.e.* ____ ____

9. AM es amplitud modulada en señales de radio; FM es frecuencia modulada. ____ ____

10. Sandra Day O´Connor fue la primera jueza de la Corte Suprema; Sally Ride fue la primera mujer astronauta estadounidense. ____ ____

11. Los países más grandes en orden por tamaño de terreno son: ____ ____

    1. Rusia
    2. Canadá
    3. Estados Unidos de América
    4. China
    5. Brasil
    6. Australia
    7. India
    8. Argentina
    9. Kazakistán
    10. Argelia

	Verdadero	Falso
12. Los continentes más grandes (por sectores, en el caso de América) en orden son: 1. Asia 2. África 3. Norteamérica 4. Sudamérica 5. Europa 6. Antártida 7. Oceanía	____	____
13. Los océanos más grandes en orden son: 1. Pacífico 2. Atlántico 3. Índico 4. Antártico 5. Ártico	____	____
14. Aldeas agrícolas alrededor del Golfo Mediterráneo aparecieron en torno a diez mil años antes de Cristo.	____	____
15. La geometría comenzó alrededor del año 1000 a. C.	____	____
16. Los Juegos Olímpicos comenzaron en el año 776 a. C.	____	____
17. Leif Erikson llegó a Norteamérica alrededor del año 1000 d. C.	____	____
18. Marco Polo viajó a China en 1271.	____	____

¿Qué sabes?

	Verdadero	Falso
19. Bartolomeu Dias navegó rodeando la punta de África (el Cabo de Buena Esperanza) en 1488.	___	___
20. Cristóbal Colón descubrió América en 1492.	___	___
21. Vasco Núñez de Balboa vio el Océano Pacífico en 1513.		
22. Fernan	___	___
23. Los Grandes Lagos en América del Norte son: 　　H – Huron 　　O – Ontario 　　M – Míchigan 　　E – Erie 　　S – Superior	___	___
24. La persona promedio en los Estados Unidos ve televisión más de cinco horas al día.	___	___
25. El negocio y el distrito económico de la Avenida Madison hicieron popular la ciudad de Nueva York.	___	___
26. Las esculturas de cuatro presidentes estadounidenses en el Monte Rushmore incluyen a Washington, Jefferson, Lincoln y Teodoro Roosevelt.	___	___

	Verdadero	Falso
27. El primer asentamiento inglés permanente en Norteamérica fue Jamestown, Virginia, en 1607.	____	____
28. West Point, la academia militar estadounidense, está ubicada en el estado de Nueva York.	____	____
29. El continente más pequeño es Australia.	____	____
30. El Mar Negro se ubica entre dos continentes: Europa y Asia.	____	____
31. Los países de América Central son: Belice, Costa Rica, El Salvador, Guatemala, Honduras, Nicaragua y Panamá.	____	____
32. El país que tiene más población es China.	____	____
33. El punto más bajo de la tierra es el Mar Muerto, aproximadamente a 422 metros por debajo del nivel del mar.	____	____
34. La capital de Escocia es Edimburgo.	____	____
35. Groenlandia es parte de Dinamarca.	____	____
36. El nombre anterior de Irán es Persia.	____	____
37. La latitud se refiere a las direcciones al norte y al sur del ecuador.	____	____
38. Uno de los países más pequeños del mundo es Liechtenstein (100 kilómetros cuadrados) en los Alpes entre Austria y Suiza.	____	____

¿Qué sabes?

	Verdadero	Falso
39. La montaña más alta del mundo es el Monte Everest.		
40. Hay siete continentes en el planeta Tierra rodeados por cinco océanos.		
41. La cuenca oceánica más grande y más profunda es el Océano Pacífico.		
42. La ciudad de Austin es la capital de Texas.		
43. La capital de Cuba es La Habana.		
44. Un archipiélago es una cadena de islas.		
45. Un lago es una masa de agua poco profunda entre un arrecife y la costa.		
46. El lago de agua dulce más grande del mundo es el Lago Superior. Está Bordeado por Ontario, Minnesota, Wisconsin y Míchigan.		
47. El Río Nilo es el río más largo del mundo, con casi siete mil kilómetros.		
48. La cascada más alta del mundo (979 metros) es el Salto Ángel en Venezuela.		
49. La epistemología es el estudio del conocimiento y la creencia justificada.		
50. Ghana se llamaba anteriormente Costa de Oro.		
51. Hawái se conocía antes como Islas Sándwich.		
52. La moneda de Cuba es el peso.		

	Verdadero	Falso
53. En las matemáticas antiguas, el numeral romano "X" significa "10".		
54. Aristóteles desarrolló la teoría de la causalidad: la relación entre un suceso, la causa, y un segundo suceso, el efecto, en la que el segundo suceso se entiende como una consecuencia del primero.		
55. En química, Na significa sodio en la tabla periódica.		
56. Tulipanes y gipsófilas son ejemplos de plantas perennes (viven más de dos años).		
57. El CO_2 es el símbolo químico del dióxido de carbono, un gas incoloro e inodoro.		
58. Los productos de hierro pueden reciclarse repetidamente sin que pierdan resistencia.		
59. Un contador Geiger mide las emisiones radiactivas.		
60. Los colores de la piedra del mes (gema) varían según el mes. ¿Son correctas las siguientes asociaciones?		

    Enero   granate (rojo oscuro cambiante)

    Febrero   amatista (púrpura)

¿Qué sabes?

		Verdadero	Falso
Marzo	aguamarina (verde azulado), heliotropo (verde oscuro / puntos rojos)		
Abril	diamante		
Mayo	esmeralda (verde)		
Junio	alejandrita, perla, piedra lunar (verde)		
Julio	rubí (rojo)		
Agosto	peridoto (verde claro), ágata (verde)		
Septiembre	zafiro (azul)		
Octubre	ópalo (blanco), turmalina (muestra iridiscente de colores)		
Noviembre	cuarzo (de amarillo a café), topacio		
Diciembre	turquesa, circonita (azul verdoso), tanzanita, topacio azul claro		

61. La longitud es la distancia geográfica angular al este u oeste del primer meridiano. _____ _____

62. Los humanos pertenecen a la especie Homo sapiens; su clase se conoce como Mamíferos. _____ _____

63. Un número primo es cualquier número mayor que 1 que solo es divisible por sí mismo y por el número 1. _____ _____

	Verdadero	Falso
64. Un año tiene 52 semanas, 8760 horas.	____	____
65. La mayoría de los años tienen 365 días o 525 600 minutos.	____	____
66. Una milla equivale a 5280 pies o 1760 yardas.	____	____
67. Un kilogramo equivale a mil gramos o 2.2046 libras.	____	____
68. Isaac Newton fue "el padre del estudio de la física".	____	____
69. La escala química de pH va de 9 a 14 y mide la acidez o alcalinidad de una sustancia. Un pH de 7 es neutro. Un pH menor de 7 es ácido. Un pH mayor de 7 es alcalino.	____	____
70. Según Fahrenheit, la temperatura de congelación del agua es de 32 grados y el punto de ebullición es de 212 grados.	____	____
71. $18 \div 2$ es 9, y 9×2 es 18.	____	____
72. Cualquier número multiplicado por cero es igual a cero.	____	____
73. No todas las células cerebrales son iguales. Hay hasta diez mil tipos específicos de neuronas en el cerebro.	____	____
74. Un kilómetro equivale a 0,62 millas.	____	____
75. Francia se divide en departamentos, Canadá en provincias, y USA en estados.	____	____

¿Qué sabes?

	Verdadero	Falso
76. Hay 206 huesos en el cuerpo humano adulto, 46 cromosomas y 32 dientes.	___	___
77. La Compra de Louisiana de 1813 fue la adquisición por parte de los Estados Unidos del territorio de Louisiana, que en ese momento era territorio de Francia.	___	___
78. Alaska fue adquirida en 1876 por los Estados Unidos.	___	___
79. Los regalos de aniversario varían con los años. ¿Son correctas las siguientes asociaciones (tradicional /moderno)?	___	___

   1 papel / relojes

   2 algodón / porcelana

   3 cuero / cristal o vidrio

   4 fruta o flores / electrodomésticos

   5 madera / artículos de plata

   6 dulces o hierro / madera

   7 lana o cobre / conjunto para escritorio

   8 cerámica o bronce / lino o encaje

   9 cerámica / cuero

   10 estaño o aluminio / joyas de diamantes

   15 cristal / relojes

   20 porcelana / platino

   30 perla / diamante

   40 rubí / rubí

	Verdadero	Falso
50 oro / oro		
60 diamante / diamante		
80. La piel es el órgano más grande del cuerpo; el fémur es el hueso más largo.	___	___
81. ¿Son correctas las siguientes asociaciones de medidas?	___	___

fotómetro	luz
barómetro	presión atmosférica
audiómetro	sonido
galvanómetro	conexión eléctrica
anemómetro	velocidad del viento
bolómetro	energía radiante / radiación
densitómetro	oscuridad de material fotográfico o semitransparente
caloría	calor de energía
tensiómetro	presión sanguínea
manómetro	presión

	Verdadero	Falso
82. Los mares más grandes incluyen: del Coral, de Arabia, Mediterráneo y de Bering.	___	___
83. En poesía, un soneto tiene catorce líneas y un haiku tiene tres líneas.	___	___
84. En el béisbol hay nueve jugadores, en el básquet hay cinco jugadores, y en el fútbol hay once jugadores.	___	___

¿Qué sabes?

	Verdadero	Falso
85. Las copas en los deportes incluyen la Copa del Mundo en fútbol, la Copa Stanley en hockey, y la Copa América en vela.	___	___
86. La temperatura del cuerpo humano es de 98,6 grados Fahrenheit o 37 grados Celsius.	___	___
87. La Casa Blanca está ubicada en el 1600 de la Avenida Pennsylvania; el primer ministro británico vive en el número 10 de Downing Street.	___	___
88. Varios organismos pueden invadir el cuerpo. ¿Son correctas las siguientes asociaciones? disentería amebiana — parásito protozoario varicela — virus fiebre de las Montañas Rocosas — rickettsia amigdalitis — bacteria	___	___
89. Aprender cosas nuevas produce cambios físicos en la estructura cerebral. Estos cambios pueden verse en escáneres cerebrales.	___	___
90. La capacidad de memoria de corto plazo está limitada a unos siete puntos de veinte a treinta segundos. Puede estirarse al usar estrategias de memoria como el desglose.	___	___

	Verdadero	Falso
91. El desierto más grande es el Sahara en el norte de África.	___	___
92. En la clasificación de la carne en Estados Unidos "prime" es la mejor; "choice" es la siguiente.	___	___
93. Miopía es ser corto de vista; hipermetropía es vista cansada.	___	___
94. En un barco, el frente es la proa, la parte trasera es la popa, el lado derecho es estribor, y el lado izquierdo es babor.	___	___
95. ¿Son correctas las siguientes categorías de deportes?	___	___

juegos de pelota y bateo	béisbol, críquet
juegos de raqueta y pelota	tenis, squash, ráquetbol
juegos de golpeo de pelota con mano	balonmano, cuatro cuadras
juegos de anotar gol	básquet, fútbol, hockey, lacrosse
juegos de red	voleibol
juegos de dar en el blanco	bolos, bate y pelota

¿Qué sabes?

	Verdadero	Falso
96. La escala Richter mide la magnitud de los terremotos; la de Mohs mide la dureza de objetos sólidos.	___	___
97. ¿Son correctas las siguientes asociaciones?	___	___

    La tierra del Sol Naciente — Japón
    Río Sena — Francia
    Río Támesis — Inglaterra
    Andes — Sudamérica
    Alpes — Europa

	Verdadero	Falso
98. El oficial de rango más bajo en el ejército es el segundo teniente, mientras que el más bajo en la marina es alférez. Un general lleva estrellas, un coronel lleva un águila, un comandante lleva una hoja de roble, y un sargento lleva franjas.	___	___
99. ¿Son correctas las siguientes asociaciones?	___	___

    Chicago — Midway
    Boston — Logan
    Washington — Dulles
    Hartford — Bradley
    Las Vegas — McCarran

	Verdadero	Falso
100. ¿Son correctos los siguientes números?		
Siete meses tienen treinta y un días; cuatro meses tienen	———	———
treinta días (abril, junio, septiembre y noviembre). Febrero	———	———
tiene veintiocho días excepto cada cuatro años (bisiesto).	———	———

Cinco cosas para intentar esta semana

Aunque parecen cosas sencillas, están pensadas para ejercitar funciones cognitivas específicas de tu cerebro.

- [ ] Aprende más sobre algo que te interese (la educación aumenta los campos dendríticos en la zona cortical del lenguaje).
- [ ] Lee algo mentalmente estimulante al menos treinta minutos diariamente (novelas, libros sobre pasatiempos e intereses especiales, periódicos para estar al tanto de sucesos actuales). Ocasionalmente, lee en voz alta.
- [ ] Crea un entorno más estimulante en tu hogar.
- [ ] Toma rutas nuevas cuando manejes o salgas a pasear.
- [ ] Pasa más tiempo con amigos para estimular las interacciones sociales.

Haz que la fuerza de voluntad actúe en tu favor

Dios te creó con una voluntad: la capacidad de decidir. Esto es clave. Con tu fuerza de voluntad puedes avanzar continuamente hacia conductas balanceadas y sanas como el ejercicio físico y mental, una dieta nutritiva y crecimiento espiritual.

Sin embargo, antes de poder alcanzar y disfrutar este balance puede que tengas algunas conductas poco sanas que hay que limitar o detener. ¿Bebes demasiado alcohol, fumas, consumes drogas, duermes poco, no haces ejercicio o comes en exceso? Tal vez necesitas practicar también la "capacidad de no hacer". Para superar estos retos comunes de estilo de vida se requiere un acto de la voluntad personal, una decisión personal.

¿Discutes contigo mismo cuando se trata de problemas de la fuerza de voluntad? Está en nuestra naturaleza.

Como médico por más de cuarenta años, he visto repetidamente a personas avanzar hacia mejores decisiones debido a la fuerza de voluntad. El factor decisión es importante en su bienestar general. He visto a personas decidir dejar adicciones, enfocarse mejor, comer más adecuadamente, estar menos deprimidas, y actuar más apropiadamente. A menudo reciben ayuda para hacerlo, pero es su decisión. En ocasiones, la fuerza de voluntad puede reinar sobre los factores de estrés, y hasta cierto grado, incluso sobre la genética y síntomas de enfermedad.

No estoy diciendo que el estrés y otros factores epigenéticos (modificaciones externas del ADN que encienden o apagan genes) no sean importantes. No estoy diciendo que los factores médicos en el genoma son poco importantes. Lo que digo es que las decisiones pueden ser un factor importante para avanzar hacia la automejora y una mejor salud, así como un aspecto más sano y más feliz.

Entrenar a tu cerebro para recibir las sugerencias de tu fuerza de voluntad y actuar en consecuencia requiere práctica. Parte del reto será superar episodios de duda y una lluvia constante de distracciones. Estos obstáculos desafiarán tu fuerza de voluntad cada día. Sin un plan razonable, un compromiso personal e incluso un sistema de apoyo o un compañero a quien rendir cuentas, hay pocas probabilidades de que se produzca una mejora duradera.

Yo tuve un vecino que carecía de autodisciplina y fuerza de voluntad en su vida personal. Se desempeñaba bien en el trabajo, pero malos hábitos y apatía lo obstaculizaban en el hogar. Era desorganizado, dejaba proyectos sin terminar en su casa, y no tenía deseo alguno de probar algo nuevo o desafiante. Sus hijos eran adultos, y su esposa había fallecido. Su salud mental y física se deterioró, pero él se negaba a recibir cuidado médico. Solo y deprimido, falleció tras una breve enfermedad.

Puede que tú también conozcas a alguien así. Sin embargo, incluso personas como él pueden encontrar una nueva esperanza mediante el desarrollo de su fuerza de voluntad. Es la base para una buena salud, un estilo de vida balanceado y el éxito personal.

No es fácil dominar los malos hábitos y los deseos poco sanos. ¿Sabías que en general se necesitan unos veintiún días para establecer un hábito? Más allá de ese punto se vuelve más fácil, e incluso queda más establecido a medida que se repite.

Tampoco es fácil cambiar o manejar nuestros rasgos de personalidad básicos. El modo en que pensamos y actuamos es influenciado en parte por las estructuras cerebrales, las hormonas, los neurotransmisores y patrones de actividad cerebral. En ocasiones, nuestros rasgos de personalidad natural son activos positivos; otras veces son piedras de tropiezo. Sin embargo, lo importante es que apuntemos a desarrollar los rasgos positivos y superar los negativos.

El poder de la Escritura

Además de tus decisiones y tu fuerza de voluntad, hay un poder muy grande a tu disposición para ayudarte en tu viaje. Te hablaré de una de las fuerzas más poderosas de la tierra, un poder no solo en el mundo espiritual sino también en el mundo intelectual. Un poder que me ha protegido. Un poder que es a la vez pragmático y abstracto. Poder que simplemente denomino "el poder de la Escritura".

Es mucho más que intelectual. He visto actuar este poder en mi vida de maneras diferentes: empoderamiento directo de Dios, dirección, disciplina, discernimiento, alejamiento del pecado, mayor capacidad intelectual, alegría y corrección, solo por mencionar algunas.

La Biblia es el libro de mayor éxito de ventas de todos los tiempos, el libro más importante jamás escrito. La Biblia no es de este mundo, es "inspirada por Dios". Cuando reflexiono en la Palabra de Dios, pienso en su rica historia; sigue siendo inerrante, infalible e inalienable después de miles de años. Dios fue el autor por medio de cuarenta escritores humanos; sesenta y seis libros son milagrosamente un solo libro. Esta Escritura atemporal abarca la historia de la humanidad, relevancia para el presente y esperanza para el futuro.

Aunque los relatos de las personas de la Biblia fueron inspirados divinamente, los individuos eran meros mortales con fortalezas, debilidades y luchas personales similares a las que experimentamos en el presente. Podemos identificarnos con ellos y aprender lecciones de sus vidas que nos ayudan a manejar el estrés del siglo XXI.

Las sociedades en las que vivieron estos personajes bíblicos eran inmensamente diferentes a las nuestras; no había tecnología ni transporte público, y el conocimiento científico era limitado. Ellos no enfrentaron cosas como la amenaza de una guerra nuclear, pero sus preocupaciones eran tan reales para ellos como las nuestras lo son para nosotros. Batallaban con problemas parecidos de vida y muerte. Los relatos de sus vidas y el modo en que Dios actúa en nosotros, y entre nosotros, nos da lecciones que pueden guiar nuestras decisiones en el presente.

La Biblia nos enseña la decisión individual y también la soberanía de Dios. Decisión y soberanía no se niegan mutuamente. Dios quiere que tomemos buenas decisiones; este libro puede guiarte en algunas de ellas.

Prueba de vocabulario para calentamiento

El cerebro puede comprender una definición de una sola palabra mejor que una larga, de modo que es mejor mantener breves las definiciones. Por lo general, no es suficiente tan solo con leer una lista de palabras nuevas con sus definiciones e intentar recordarlas. Cuando aprendas las definiciones correctas, repásalas a lo largo de un periodo de dos semanas para ayudar a mantener las palabras en tu memoria permanente. Esto también ayuda a la neuroplasticidad.

Pon en un círculo la definición correcta para las siguientes palabras. Investiga la respuesta correcta si no estás seguro, y después dila en voz alta y usa la palabra en una frase:

1. permanecer
   A. irse
   B. amar
   C. seguir/esperar
   D. persuadir

2. embaucar
   A. prohibir
   B. engañar
   C. demorar
   D. arrullar/calmar

3. acusar
   A. recibir
   B. detener
   C. diseñar
   D. denunciar

4. quitarse
   A. sacarse/eliminar
   B. ponerse
   C. beberse
   D. mimar/amar

5. alerta
   A. advertencia
   B. aliento
   C. caverna
   D. cónclave
6. catamarán
   A. gato
   B. dictador
   C. balsa
   D. matrona
7. proferir
   A. rescindir
   B. clavar
   C. pronunciar
   D. jugar
8. vislumbrar
   A. denunciar
   B. percibir algo
   C. llorar
   D. esperar
9. travesía
   A. engaño
   B. entrar sin permiso
   C. viaje
   D. discusión
10. taimado
    A. cansado
    B. astuto
    C. grosero
    D. salvaje

Conoce las palabras 1

Aprende las definiciones de estas siete palabras.

Incluso si ya conoces algunas de las siguientes palabras, practica utilizándolas más a menudo en las conversaciones.

Repasa palabras nuevas durante un periodo de semanas para ayudar a almacenarlas en tu memoria permanente.

abochornar: avergonzar
menguar: reducir
aberrante: atípico
subvenir: ayudar
beldad: belleza
abyecto: lamentable
abreviar: acortar

Adivinanza 1

Hecho: Aumentar el ejercicio mental mejora la cognición.

Cuantos más años estimules regularmente tu memoria, más probabilidades tendrás de reducir la amenaza de deterioro cognitivo o demencia. Si tienes treinta años de edad y comienzas ahora, tal vez puedas alcanzar años o décadas de cuidado preventivo. Invertir en este esfuerzo para tener vitalidad mental es parecido al dinero que ya estás invirtiendo para poder tener un estilo de vida cómodo cuando te retires. Intenta hacer los siguientes ejercicios mentales.

Un hombre está mirando un retrato en una pared y dice: "No tengo hermanos ni hermanas, pero el padre de este hombre es hijo de mi padre". ¿De quién es el retrato que mira?[1]

Memorización

Memoriza los cuarenta y seis presidentes de los Estados Unidos en orden. Enuméralos tan rápidamente como puedas y repítelos diariamente: Washington, Adams, Jefferson, Madison, Monroe, Adams, Jackson, Van Buren, Harrison, Tyler, Polk, Taylor, Fillmore, Pierce, Buchanan, Lincoln, Johnson, Grant, Hayes, Garfield, Arthur, Cleveland, Harrison, Cleveland, McKinley, Roosevelt, Taft, Wilson, Harding, Coolidge, Hoover, Roosevelt, Truman, Eisenhower, Kennedy, Johnson, Nixon, Ford, Carter, Reagan, Bush, Clinton, Bush, Obama, Trump, Biden.

Cuando hayas dominado eso, intenta aprender a decirlos en orden contrario y practica: Biden, Trump, Obama, Bush, Clinton, Bush, Reagan, Carter, Ford, Nixon, Johnson, Kennedy, Eisenhower, Truman, Roosevelt, Hoover, Coolidge, Harding, Wilson, Taft, Roosevelt, McKinley, Cleveland, Harrison, Cleveland, Arthur, Garfield, Hayes, Grant, Johnson, Lincoln, Buchanan, Pierce, Fillmore, Taylor, Polk, Tyler, Harrison, Van Buren, Jackson, Adams, Monroe, Madison, Jefferson, Adams, Washington.

Si no te interesa aprender los nombres de los presidentes, haz una lista de treinta a cuarenta puntos sobre un tema que se relacione con tu profesión o tus pasatiempos, y memoriza esa lista.

Ejercicios de matemáticas

Practica ejercicios de matemáticas en tu cabeza cuando vayas a dar un paseo o mientras esperes en el auto.

Calcular propinas para el personal en restaurantes, aeropuertos, hoteles, salones de belleza y otros lugares es un reto diario. Impresiona a tus amigos y descarta la calculadora de tu teléfono.

Calcula el diez por ciento de la factura total moviendo el punto decimal un espacio a la izquierda.
El 5 por ciento es la mitad de esa cantidad.
Para el 15 por ciento, suma el 10 y el 5 por ciento.
El 20 por ciento es el doble del 10 por ciento.
Ejemplo: Tu factura es de 148 dólares. Redondea a 150.
El 10 por ciento son 15 dólares.
El 20 por ciento son 2 x 15 – 30 dólares para la propina.
(Claro está que puedes ajustar la cantidad hacia arriba o abajo).

En tu cabeza, suma o resta números secuenciales (2, 3, 4, etc.) desde el 100 tan rápido como puedas. Entonces escoge un número para multiplicarlo por sí mismo. Comienza con cifras bajas como 2, 3 y 4 para calentar, y después progresa a los 7, 8 y 9. Repite la serie diariamente hasta que puedas hacerlo con rapidez. Entonces pasa a una serie nueva.

Potencia tu memoria mediante el entretenimiento

- [ ] Juega juegos de mesa, ajedrez y cartas; haz rompecabezas
- [ ] Juega juegos de video o explora el internet buscando temas de interés.
- [ ] Escucha música y aprende la letra de canciones nuevas.
- [ ] Toma una clase gratuita en una biblioteca o universidad local.

Cambia tus rutinas

- Peina tu cabello y cepíllate los dientes con la mano contraria.
- Duerme siestas de diez o quince minutos (el cerebro en descanso puede ayudar a organizar información y recuerdos).
- Haz ejercicios de estiramiento durante los anuncios en televisión.
- Haz cambios en el orden de las rutinas diarias.
- Enfócate en cinco objetos en una habitación, y después intenta recordar esos objetos a lo largo del día, en especial cuando estés en una ubicación diferente.

Ahora, pregúntate: ¿Siento sinceramente que mis rutinas y decisiones son sanas? ¿Dirían las personas en quienes confío que mis acciones y decisiones son sanas?

Desmintiendo mitos comunes acerca del cerebro

Las investigaciones recientes están corrigiendo algunas falsas creencias populares.[2]

Cierta literatura y comerciales siguen afirmando que *utilizamos solamente el 10 por ciento de nuestro cerebro*. Esto no es certero. En realidad, casi todas las partes del cerebro están activas la mayor parte del tiempo.

Todo va cuesta abajo después de los treinta años de edad. Es cierto que algunas habilidades cognitivas disminuyen a medida que envejecemos, pero otras en realidad mejoran, como sabiduría, vocabulario, manejo de las emociones, una mejor perspectiva, paciencia, y conocer el propósito de nuestra vida.

Existe la historia de comparar el cerebro con la tecnología más avanzada. La más común es que *el cerebro es como una computadora*: su velocidad de procesamiento, capacidad de almacenamiento, circuitos paralelos, entradas y salidas. Sin embargo, la metáfora es una mala comparación. El cerebro no está cableado como una computadora. No tiene una capacidad de memoria fija a la espera de ser llenada, y no realiza computación del modo en que lo hacen las computadoras. Nosotros interpretamos, anticipamos y prestamos atención activamente a diferentes elementos del mundo. El cerebro es realmente bastante "moldeable" (la plasticidad cerebral es el proceso en el cual las sinapsis neurales del cerebro y sus sendas son alteradas como efecto de los cambios de entorno, conductuales y neurales), contrariamente a las computadoras.

Los estornudos matan células cerebrales. Eso no ocurre.

El envejecimiento normal mata células cerebrales. Durante años se creyó que las células cerebrales comienzan a morir alrededor de los treinta años de edad, pero estudios recientes han determinado que las células cerebrales realmente siguen desarrollándose en ciertas partes del cerebro.[3] Sin embargo, igual que el resto de cuerpo, atraviesan cambios porque se adaptan a nuevas experiencias. La edad puede causar un número menor de sinapsis entre las células. También puede haber cambios que desactiven algunas sustancias químicas que comunican entre las células. Enfermedades neurodegenerativas como el Alzheimer sí que matan células cerebrales, pero el proceso de envejecimiento normal no causa una espiral cuesta abajo.[4] Es consolador saber que algunas de nuestras células cerebrales no desaparecen con cada uno de nuestros cumpleaños. No nos abandonarán si hacemos todo lo que podamos para cuidarlas.

Algunas personas usan predominantemente el cerebro derecho y otras el cerebro izquierdo. Este concepto se derivó de los estudios de Roger Sperry[5] en 1967 que decían que algunas funciones de los hemisferios cerebrales izquierdo y derecho son diferentes. Él llegó a la conclusión de que el cerebro izquierdo es más lógico, analítico y matemático, y el cerebro derecho se enfoca más en la intuición, la creatividad, el impulso sensorial y la síntesis de información.

La especulación era que muchos científicos, médicos y contadores utilizan más el cerebro izquierdo, mientras que artistas y compositores probablemente utilizan el derecho. En la investigación actual las conclusiones son más complejas. La evidencia de más de mil escáneres cerebrales no demuestra señales reales de un dominio consistente del hemisferio izquierdo o derecho.[6] La clave está en que las partes interactúan entre ellas, no actúan independientemente. Necesitamos trabajar en el desarrollo de ambos lados de nuestro cerebro.

Escuchar música clásica (el "efecto Mozart") hace que los bebés sean más inteligentes.[7] Se ha demostrado que no es ese el caso.

Tenemos que beber mucha agua para que nuestro cerebro funcione mejor. Aunque esto no es cierto, beber agua sí que nos ayuda a mantener el balance de los fluidos corporales, lo cual beneficia la digestión, absorción, circulación, mantenimiento de la temperatura corporal, y el transporte de nutrientes (el cuerpo humano adulto, en general, está compuesto en torno al 60 por ciento de agua).

Estemos atentos a las primeras señales de advertencia

Una persona que esté experimentando deterioro cognitivo puede que tenga problemas con algunos de los siguientes síntomas. ¿Observas algunos de ellos en ti mismo, algún familiar o un amigo cercano?

- olvidas cosas con mayor frecuencia
- olvidas citas o eventos sociales
- pierdes el hilo de sus pensamientos en las conversaciones
- te sientes cada vez más abrumado al tener que tomar decisiones, planear tareas o seguir instrucciones
- te resulta difícil manejarte en ambientes familiares
- actúas impulsivamente o muestras cada vez un peor juicio
- tienes problemas para aprender información nueva

Haz una lista

El *orden* guía nuestras vidas personales, sociales y profesionales. Normas, sistemas, redes, costumbres y valores guían nuestras conductas. Incluso utilizamos el orden en nuestro vestuario, en los deportes, las cenas, las rutinas diarias y las relaciones.

Sin embargo, esta sensación de orden algunas veces puede quedar desbalanceada debido a circunstancias o enfermedades médicas. Por ejemplo, si una persona está confinada y se le priva de escenarios y sonidos normales durante un periodo de tiempo extenso, el cerebro y las emociones pueden distorsionarse. En soledad, las personas puede que otorguen cualidades casi humanas a objetos inanimados. Cuando el cerebro siente el desorden en situaciones de estrés puede distorsionar recuerdos o el razonamiento, lo cual daña relaciones, la productividad, las emociones y los pensamientos. Los ancianos y las personas con enfermedades crónicas son particularmente susceptibles a estas complicaciones.

A nuestro cerebro también le gustan las *listas* porque la información está organizada y condensada, y eso hace que la comprensión inmediata y el recuerdo posterior sean más fáciles. Por naturaleza nos vemos atraídos a las listas debido a nuestra tendencia humana natural a categorizar las cosas. Nuestra mente está acostumbrada a las listas porque las utilizamos en nuestras vidas diarias; incluso los mil millones de sitios web que están a nuestro alcance en la actualidad se basan en formatos de listas.

Haz una lista

Te animo a que hagas listas. Las listas pueden ayudarte a

- recordar cosas
- poner orden en tu vida
- simplificar y clarificar
- enfocarte
- aliviar el estrés
- evitar la procrastinación (postergación)

Úsalas. Repásalas. Actualízalas. Permite que te guíen.

Personajes históricos

¿Por qué fueron conocidas estas personas en la historia? ¿Son correctas todas las siguientes asociaciones?

Incluso un dato erróneo (fecha, asociación) hace que toda la afirmación sea falsa.

		Verdadero	Falso
Sócrates (470-399 a. C.)	sabiduría	____	____
Cleopatra (69-30 a. C.)	belleza	____	____
Calígula, emperador romano (12-41 d. C.)	depravación	____	____
Atila el Huno (murió en el 453 a. C.)	"el azote de Dios"	____	____
Oliver Cromwell (1599-1658)	pureza	____	____
Pedro el Grande de Rusia (1672-1725)	gran estatura	____	____
Isabel la Grande de Rusia (1709-62)	promiscuidad	____	____
Napoleón (1769-1821)	pequeña estatura	____	____
Abraham Lincoln (1809-65)	honestidad	____	____
Martin Luther King Jr. (1929-68)	derechos civiles	____	____

Historia de las ideas

Esta investigación histórica habla de la expresión, preservación y cambio de las ideas humanas con el paso del tiempo. Puede englobar las historias de la filosofía, la ciencia o la literatura.

¿Está la siguiente secuencia de ideas en el orden cronológico correcto? ¿Es verdadero o falso? Algunas fechas son una aproximación.

		Verdadero (correcto)	Falso (incorrecto)
c. 3200 a. C.	El sistema de escritura más temprano, el alfabeto cuneiforme, fue formado.	____	____
c. 2000 a. C.	Comenzaron las matemáticas.	____	____
607 a. C.	Comenzó la democracia en Atenas, Grecia.	____	____
321 d. C.	El emperador Constantino cambió la semana romana a siete días, y el domingo se convirtió oficialmente en un día de descanso.	____	____

		Verdadero (correcto)	Falso (incorrecto)
300-700	Los chinos desarrollaron la pólvora.	____	____
1215	El sistema de jurados se desarrolló en la Inglaterra del rey Juan I (Carta Magna).	____	____
c. 1400	Gutenberg desarrolló la imprenta.	____	____
c. 1540	Copérnico publicó el concepto de que la tierra gira alrededor del sol cada veinticuatro horas.	____	____
c. 1663	Otto von Guericke desarrolló el generador electrostático.	____	____
1687	Isaac Newton desarrolló el concepto de la gravedad del universo físico.	____	____
c. 1740	John Harrison desarrolló el concepto de la longitud, ayudando a los navegantes.	____	____

		Verdadero (correcto)	Falso (incorrecto)
1760	La Revolución Industrial cobró impulso.	____	____
1792	Se publicó *Vindicación de los derechos de la mujer*, de Mary Wollstonecraft.	____	____
1837-39	Daguerre y Talbot inventaron la fotografía.	____	____
1848	Karl Marx describió el socialismo en *El Manifiesto Comunista*.	____	____
c. 1860	Louis Pasteur demostró la relación entre gérmenes y enfermedades.	____	____
1856-65	Gregor Mendes descubrió la herencia genética.	____	____
1903	Los hermanos Wright operaron una máquina voladora en Kitty Hawk, Carolina del Norte.	____	____

		Verdadero (correcto)	Falso (incorrecto)
1905	Se publicaron la teoría de la relatividad especial de Einstein, su ecuación $E = MC^2$, e ideas que precedieron a la bomba atómica.	___	___
1913	Comenzó la primera línea de ensamblaje de Henry Ford.	___	___
1941	La Segunda Guerra Mundial, el fascismo, Hitler y Japón ejercieron influencia y poder en Pearl Harbor.	___	___
1947	La televisión invadió las salas de las casas en EE. UU.	___	___
1936	Comenzaron las computadoras electrónicas con Alan Turing, fundador de la computación moderna.	___	___
1975	Los derechos animales aumentaron con *Animal Liberation* de Peter Singer.	___	___

Historia de las ideas

		Verdadero (correcto)	Falso (incorrecto)
1984	Se lanzó la búsqueda de inteligencia extraterrestre.	___	___
1989	Sir Tim Berners-Lee comenzó la *World Wide Web* (www).	___	___
2005	Se descubrió Eris, un 27 por ciento más grande que Plutón y el noveno cuerpo más grande que orbita el sol.	___	___
2010	Se descubrió un gen del envejecimiento que puede hacer posible aumentar la esperanza de vida y demorar ciertas enfermedades degenerativas.	___	___

Conoce las palabras 2

Aprende las definiciones de estas siete palabras.

Incluso si ya conoces algunas de las siguientes palabras, practica utilizándolas más a menudo en las conversaciones.

Repasa palabras nuevas durante un periodo de semanas para ayudar a almacenarlas en tu memoria permanente.

vilordo: perezoso
acendrado: puro
banal: común
utópico: soñador
sensiblero: demasiado sentimental
medrar: prosperar
embarullar: confundir

Adivinanza 2

¿Eres capaz de interpretar la siguiente adivinanza? Si no puedes, no te sientas mal; pocos pueden hacerlo. Resolverla requiere un pensamiento más profundo del que muchos lectores realizan diariamente.

> Una viajera va de camino a Delhi cuando llega a una bifurcación en el camino. Se pregunta qué camino tomar cuando aparecen dos hombres. Uno no puede decir la verdad, y el otro no puede decir una mentira. La viajera no sabe cuál es cuál. ¿Qué única pregunta puede hacer ella que le mostrará cuál es el camino correcto a Delhi?[8]

Prepárate para el proceso de envejecimiento

El envejecimiento normal involucra *cambios biológicos* en el sistema nervioso central, las neuronas y las sustancias químicas del cuerpo.

Los *cambios neurológicos* (el declive gradual del flujo sanguíneo al cerebro) pueden afectar el metabolismo, los patrones de sueño y partes del sistema nervioso. Con el tiempo, pueden ralentizar los reflejos y afectar el equilibrio. El cerebro no envía o procesa impulsos nerviosos con tanta agudeza o rapidez. Se producen cambios mentales a diferentes ritmos e intensidades para cada persona. Algunas funciones cerebrales pueden mantenerse estables mientras que otras funciones se deterioran.

Resulta más difícil perder peso, y la piel pierde elasticidad. Articulaciones, músculos, dientes, circulación sanguínea, digestión y sistemas inmunes comienzan a mostrar su edad.

Las *actividades físicas* disminuyen con la pérdida de fuerza muscular, masa muscular y flexibilidad. Algunas disfunciones motoras pueden anunciar un inicio posterior del Alzheimer y deterioro cognitivo.

Se toma menos aire con cada respiración, y los *pulmones* no absorben tanto oxígeno.

Los *sentidos* tampoco se libran. Son comunes boca seca, ojos secos y pérdida de audición, síntomas relacionados con la edad. Los ojos reaccionan más lentamente a los cambios de luz, y se desarrollan glaucoma y cataratas. A los ancianos les resulta particularmente difícil oír sonidos agudos.

Se producen *problemas digestivos* como resultado de papilas gustativas menos sensibles, disminución del sentido del olfato, y dificultad para masticar y tragar.

Más visiblemente, se pierde el *buen aspecto*. El cabello se vuelve más fino y salen canas, la piel seca se arruga y se cura con más lentitud, y la grasa corporal se redistribuye.

Se produce un deterioro general en la función de los *órganos y sistemas internos* y un aumento de enfermedades como diabetes, cardiopatías, hipertensión y cáncer.

Los *niveles de las hormonas* testosterona y estrógeno también disminuyen, lo cual puede producir disfunción sexual relacionada con la edad.

El *estrés* afecta la calidad de las relaciones. Aumentan las pérdidas, los temores y el aburrimiento.

Los *niveles de energía* dependen más del estilo de vida y la actitud que de la edad cronológica. Una buena nutrición, un buen descanso nocturno y ejercicio regular pueden ayudar a mantener elevados los niveles de energía.

Con una edad avanzada pueden asentarse *problemas psicológicos*. Con frecuencia se produce una disminución de la autoestima debido a la dependencia, y el rango de intereses se estrecha. Las amistades pueden desvanecerse cuando surgen formas de afrontamiento poco sanas, como el aislamiento y darse por vencido.

La *depresión* es el trastorno mental más común en los ancianos vulnerables. Entre sus síntomas típicos se incluyen tristeza, preocupaciones relacionadas con la salud y la función corporal, trastornos del sueño, pérdida de apetito, baja energía y dolor de espalda. Las emociones se desencadenan con facilidad, y el juicio se ve comprometido.

Sin embargo, todo eso no significa que tengas que darte por vencido o tener mal humor en tus años de vejez. La felicidad es una decisión, igual que lo es preservar tu memoria. Puedes hacer que cada etapa de la vida sea satisfactoria, pacífica y productiva si así lo decides. Es alentador saber que Benjamín Franklin, Albert Schweitzer, Winston Churchill y Miguel Ángel hicieron sus mayores aportaciones cuando tenían más de ochenta años.

Abraham Lincoln lo dijo muy bien: "La mayoría de las personas son tan felices como deciden serlo". Algunos estudios han determinado que la felicidad puede disminuir en las primeras décadas de la edad adulta, pero con frecuencia repunta de nuevo más adelante. La satisfacción en la vida por lo general disminuye cuando las personas tienen unos cuarenta años y después aumenta cuando llegan a los sesenta, lo cual es una buena noticia para los mayores. Un estudio de 2011 de la Universidad de Stanford concluía que la vida emocional en su punto más alto puede que realmente no se produzca hasta la séptima década.[9] Un individuo anónimo testifica de ello:

> Hay una gran libertad que llega con la edad. Sé que algunas veces soy olvidadizo, pero parte de la vida bien podemos olvidarla. Al final, recuerdo las cosas importantes. Soy muy bendecido por haber vivido el tiempo suficiente para que las risas de mi juventud estén grabadas en arrugas en mi cara. A medida que envejeces, es más fácil ser positivo. Te importa menos lo que piensen los demás. Me gusta ser anciano.[10]

Prueba sobre el gobierno de los Estados Unidos

El gobierno de los Estados Unidos es el gobierno federal de la república de cincuenta estados, al igual que una capital distrital y varios territorios. El nombre completo de la república es Estados Unidos de América. Ningún otro nombre aparece en la Constitución.

¿Son correctas todas las afirmaciones siguientes? (Todos los detalles deben ser precisos para obtener una buena calificación).

		Verdadero	Falso
1.	El número de senadores de EE. UU. es 100.	_____	_____
2.	El número de representantes de EE. UU. es 435.	_____	_____
3.	El número de jueces de la Corte Suprema es 9.	_____	_____
4.	Los senadores de EE. UU. trabajan periodos ilimitados de seis años. Los representantes de EE. UU. trabajan periodos ilimitados de dos años.	_____	_____

	Verdadero	Falso
5. La enmienda a la Constitución de EE. UU. que dio a las mujeres derecho a voto es la Decimonovena Enmienda.	_____	_____
6. Las tres ramas de gobierno son: ejecutiva (presidente y quince departamentos), judicial (tribunales) y legislativa (Senado y Cámara de Representantes).	_____	_____
7. *Medicare* comenzó en 1965.	_____	_____
8. El gobierno nacional no puede cambiar fronteras estatales.	_____	_____
9. El Congreso puede revocar el veto del presidente a una ley.	_____	_____
10. Un *probate court* (tribunal de sucesiones) es para asuntos relacionados con voluntades, herencias y custodia de menores.	_____	_____

Prueba sobre la Constitución de los Estados Unidos

El preámbulo a la Constitución estadounidense dice:

> Nosotros, el pueblo de los Estados Unidos, con el fin de formar una Unión más perfecta, establecer la justicia, garantizar la tranquilidad nacional, atender a la defensa común, fomentar el bienestar general y asegurar los beneficios de la libertad para nosotros mismos y para nuestra posteridad, por la presente promulgamos y establecemos esta Constitución para los Estados Unidos de América.

¿Son correctas las siguientes afirmaciones? (todos los detalles deben ser precisos para evaluarlas positivamente).

	Enmienda	Verdadero	Falso
1.ª	libertad de expresión, de religión, de reunión y de prensa	____	____
2.ª	derecho a portar armas	____	____
4.ª	prohíbe los registros e incautaciones irrazonables	____	____

	Enmienda	Verdadero	Falso
5.ª	derecho a un juicio justo; no se testifica contra uno mismo	____	____
6.ª	derecho a un juicio público justo y rápido	____	____
7.ª	derecho a un juicio con jurado	____	____
8.ª	prohíbe el castigo cruel o excesivo	____	____
10.ª	limita los poderes del gobierno federal	____	____
13.ª	pone fin a la esclavitud	____	____
14.ª	define la ciudadanía	____	____
15.ª	prohíbe la negación del derecho a voto por causa de raza, color, o condición de servidumbre previa	____	____
16.ª	permite que el gobierno federal recolecte el impuesto sobre ingresos	____	____
19.ª	derecho al voto de las mujeres	____	____
26.ª	edad de voto a los dieciocho años	____	____

Épocas históricas

a. C. - antes de Cristo
(a. e. c - antes de la Era Común)
A. D. – Anno Domini (en el año del Señor); después de la muerte de Cristo
(e. c. - Era Común)

Circa - aproximadamente o alrededor (c., ca.)
Historia antigua - (3600 a. C. - 500 A. D.)
Era posclásica – (500-1500)
Historia moderna (1500-presente)

¿Es correcta la siguiente secuencia de tiempo? ¿Es verdadera o falsa? Las fechas pueden ser aproximaciones.

		Verdadero (correcto)	Falso (incorrecto)
Finaliza c. 6000 a. C. – 2000 a. C.	Edad de piedra	____	____
c. 3000 a. C. – 1500 a. C.	Edad del Bronce	____	____
c. 1200 a. C. – A. D. 300	Edad del Hierro	____	____

		Verdadero (correcto)	Falso (incorrecto)
c. 500-1500	Alta Edad Media y Medioevo	____	____
c. 1300-1600	Renacimiento y Reforma	____	____
c. 1600-1700	Era de la Ilustración	____	____
1776	Declaración de Independencia (EE. UU.)	____	____
1861-65	Guerra Civil	____	____
1914-18	Primera Guerra Mundial	____	____
1939-45	Segunda Guerra Mundial	____	____
1948	Israel vuelve a ser una nación	____	____
1954-68	Movimiento por los Derechos Civiles	____	____
1980	Sistema global de redes de computación en el internet	____	____

Épocas históricas

		Verdadero (correcto)	Falso (incorrecto)
1991	WWW a disposición del público	____	____
2001	Destrucción del World Trade Center (EE. UU.)	____	____
1975, 1982, 1991, 2008	Recesiones globales recientes	____	____

Personalidades históricas

Estas figuras históricas provienen de un abanico de culturas y países. ¿Hay algún error en la siguiente información?

		Verdadero	Falso
1.	Alejandro Magno fue el rey de Macedonia y conquistador de Grecia y Persia en el 325 a. C. Fue enseñado por Aristóteles, quien Fue alumno de Platón, quien a su vez fue alumno de Sócrates.	_____	_____
2.	Cleopatra fue la reina de Egipto en el 51 a. C.	_____	_____
3.	Julio César fue traicionado por Bruto en el 44 a. C.	_____	_____
4.	Los Aliados pelearon juntos para derrotar a los alemanes y otros países del Eje (Japón, Italia) en la Segunda Guerra Mundial (1939-45).	_____	_____
5.	Benedict Arnold fue un traidor en la Revolución Americana en 1780.	_____	_____
6.	Napoleón Bonaparte fue el emperador francés derrotado en la Batalla de Waterloo en 1815.	_____	_____

Personalidades históricas

	Verdadero	Falso
7. John Wilkes Booth asesinó al presidente Abraham Lincoln en 1865.	____	____
8. Custer fue derrotado por Toro Sentado en la Batalla de Little Bighorn en 1876.	____	____
9. Adolf Hitler fue el líder de Alemania durante la Segunda Guerra Mundial.	____	____
10. Winston Churchill fue el primer ministro de Gran Bretaña durante la Segunda Guerra Mundial (1939-45), y de nuevo entre 1951-55.	____	____
11. $E = MC^2$ es la correlación entre masa y energía (E es unidades de Energía, M es unidades de masa, C^2 es la velocidad de la luz al cuadrado o multiplicada por sí misma).	____	____
12. Thomas Edison, 1847-1931, patentó más de mil inventos.	____	____

Música y memoria

do, re, mi, fa, sol, la, si, do

Hay fuertes correlaciones entre música y logros académicos. Otros valores musicales incluyen beneficios artísticos, estéticos, prácticos, sociales, de entretenimiento, terapéuticos, de autoafirmación y económicos.

¿Es correcta la siguiente información sobre eventos musicales o músicos? Responde verdadero o falso con respecto a la secuencia de tiempo y todos los datos (las fechas pueden ser aproximaciones).

		Verdadero	Falso
c. 1000 a. C.	Periodo medieval: principalmente la música cristiana sobrevivió	____	____
c. 1500 A. D.	Renacimiento: música humanista	____	____
c. 1700	El Barroco con intensidad: *Misa en Si Menor*	____	____
	de Bach, el *Mesías* de Haendel y la ópera *Las Cuatro Estaciones* de Vivaldi son ejemplos.	____	____

		Verdadero	Falso
c. 1800	Clásica con balance en música: *Las bodas de Fígaro* de Mozart, la *Novena Sinfonía* de Beethoven, y las sinfonías y conciertos de Haydn.	___	___
c. 1850 Periodo romántico con énfasis en las emociones	La sonata Claro de Luna de Beethoven fue un puente a este periodo. Chopin: el "poeta del piano"	___	___
c. 1860	El nacionalismo con sabor patriótico: "Dixie" y "Himno de batalla de la República".	___	___
c. 1900	Periodo neoclásico (jazz, canciones folk): *Appalachian Spring* de Copland y *Firebird* de Stravinsky	___	___
c. 1900	El expresionismo con distorsión de la armonía para un efecto expresivo: *Pierrot Lunaire* de Shoenberg.	___	___

		Verdadero	Falso
c. 1900	Impresionismo con enfoque en las emociones: "Claro de Luna" de Debussy y "Preludio a la siesta de un fauno".		
c. 1930	Modernismo con diversos estilos musicales; ningún género musical dominante.		
c. 1980	Posmodernismo, una continuación de la música electrónica y diversa: Michael Jackson, el Rey del pop.		

Ejercicios de juicio

El juicio es la capacidad de tomar decisiones consideradas o llegar a conclusiones sensatas. Es discernimiento, sentido común, percepción, sabiduría, agudeza, razonamiento, precisión y astucia.

El juicio puede disminuir con una menor cognición y memoria. Trabaja para mantener agudas tus habilidades de juicio. Por ejemplo, si estuvieras en un teatro y alguien gritara "¡fuego!", ¿qué harías (en orden de preferencia)?

Ahora, considera un escenario más difícil. Si encontraras una carta en la calle con una dirección escrita, ¿qué harías?

Ejercicios conceptuales

Los ejercicios conceptuales nos ayudan a desarrollar enfoques sobre cómo entender las dinámicas de personas, ciencia, tecnología y el entorno. Aumentar la capacidad de trabajar con problemas y relaciones conceptuales puede potenciar la capacidad cerebral.

A continuación tenemos ejemplos analógicos. ¿Puedes identificar las relaciones?

Contraste:	*caliente/frío/agudo/* _____	a. soso b. cortante c. agudo d. entusiasta
Similar, contraste:	*extático/feliz/triste* _____	a. melancólico b. contento c. alborozado d. eufórico
Parte, todo:	*hora/día/día* _____	a. semana b. segundo c. minuto d. milisegundo
Todo, parte:	*USA/Washington, DC/ Rusia* _____	a. Moscú b. Berna c. Madrid d. Roma

Ejercicios conceptuales

Tipo de:	*insecto/artrópodo/langosta* _____	a. crustáceo b. molusco c. ostra d. calamar
Terminación:	*México/Ciudad/Nueva York* _____	a. Ciudad b. Nueva York c. Nueva Jersey d. EE. UU.
Relación implícita:	*estados/USA/provincias* _____	a. Canadá b. Francia c. Suiza d. Inglaterra
Suenan parecido:	*Hola/Adiós/ahora* _____	a. hora b. entonces c. buen d. futuro
Ejemplo:	*mamá/palíndromo/ladrido/* _____	a. onomatopeya b. semántica c. homónimo d. antediluviano
Equivalentes matemáticos:	*> /mayor que/ <* _____	a. menor que b. igual c. olvidar d. abstracto
Opuestos matemáticos:	*> / <* mayor que/ _____	a. menor que b. igual a c. desigual d. número ordinal

Malo, bueno, mejor, lo mejor: tú decides

Puede que pienses: "Me gustaría tomar mejores decisiones. Parece más difícil que cuando era pequeño porque ahora hay muchas oportunidades y opciones, y las consecuencias parecen más complejas. ¿Cómo sé si mis decisiones son las correctas? ¿Debería seguir lo que me dice mi cabeza o mi corazón?". No es necesario decir que no podemos seguir volando usando solamente la intuición.

Observa cuál de los siguientes consejos te resultaría útil en tus circunstancias:

> Ten claros tus *valores personales*. Toda decisión tiene una consecuencia. Asegúrate de que tus decisiones estén en consonancia con tus valores morales y espirituales.
> *Las decisiones repetidas se convierten en hábitos*. Los hábitos te convierten en la persona que eres. Con el tiempo, las buenas decisiones y las malas decisiones se convierten en hábitos que son difíciles de romper. Las sendas neurales se vuelven automáticas. ¿Cómo rompes un hábito como chascar los nudillos o morderte las uñas? (1) Observa cuándo lo haces y por qué. ¿Se debe al estrés o al aburrimiento? (2) Lleva la cuenta por escrito de cada vez que lo haces. Puede que te sorprenda cuántas veces lo haces. (3) Cuando te agarres haciéndolo, haz un esfuerzo consciente por resistir, relajarte y distraerte. Sustituye eso por una buena conducta.
> Tener decisiones que tomar en un principio puede ser *un factor motivador para hacer lo correcto*. En raras ocasiones tienes que tomar una decisión entre lo obviamente bueno y malo,

pero puedes identificar cuándo hay una diferencia entre lo que *quieres* hacer y lo que *deberías* hacer.

Lo estupendo de las decisiones es que *casi siempre tienes más probabilidades* de cambiar las cosas si vas en una dirección equivocada. La clave está en reconocerlo y hacer un cambio.

Mejora las relaciones con tu familia y construye un *buen sistema de apoyo*. Pide consejo a personas de confianza en tus procesos de toma de decisiones. Tienes el poder de reajustar malas situaciones mediante mejores decisiones.

No dejes que las malas decisiones del pasado eviten que tomes mejores decisiones ahora. *Aprende de los errores del pasado* y los éxitos. Las malas decisiones pueden disminuir tu autoestima. El presente es una pizarra en blanco; comienza de nuevo.

Pasa más *tiempo en cosas que importan* en lugar de desperdiciar tanto tiempo en cosas que no importan. Sé consciente de lo que haces y de si encaja en tus *metas de largo plazo*. Una perspectiva de largo plazo probablemente te conducirá a tomar mejores decisiones.

Algunas decisiones tienen *consecuencias* inmediatas; otras pueden tomar más tiempo en recompensarte o dañarte. ¿Cuáles son algunas otras opciones o alternativas? Piensa en lo peor y en lo mejor que podría suceder si tomaras cierta decisión. ¿Estás dispuesto a vivir con los riesgos?

Piensa en si tus decisiones *benefician o dañan a otros* que pueden estar involucrados.

Toma decisiones con tu cabeza y también con tu corazón. Sé lógico pero también sé consciente de tus instintos.

Dios usa la *culpabilidad* para influirte y que cambies de opinión cuando estás haciendo algo incorrecto. Si te sientes culpable, haz cambios.

Tomar decisiones es una *habilidad de toda la vida*.

Tus decisiones diarias, tus hábitos y tu disposición a dejar atrás los fracasos del pasado dirigirán tus días. *Decide bien.*

Conoce las palabras 3

Aprende las definiciones de estas palabras.

Incluso si ya conoces algunas de las palabras siguientes, practica utilizándolas más a menudo en las conversaciones.

Repasa palabras nuevas durante un periodo de semanas para ayudar a almacenarlas en tu memoria permanente.

disidente: que se separa de la creencia común
escaso: pequeña cantidad
deambular: vagar casualmente
melé: aglomeración alborotada
zoo: parque zoológico.
mendaz: deshonesto
metódico: sistemático

Pasiones y propósito de los exploradores

Al conocer a nuestros precursores recordamos quiénes somos. Piensa en cómo estos exploradores siguieron sus pasiones. Los siguientes hechos están en orden cronológico, pero ¿son ciertos todos los hechos?

Haz un esfuerzo extra por memorizar estos hechos. Sorprende a tus amigos y familiares dejando caer esta información en las conversaciones.

	Verdadero (correcto)	Falso (incorrecto)
1. Eric el Rojo descubrió Groenlandia en el año 982.	_____	_____
2. Leif Erikson y sus vikingos descubrieron Terranova en 1000.	_____	_____
3. Marco Polo viajó a China en 1271.	_____	_____
4. Bartolomeu Dias navegó alrededor del extremo sur de África en 1488.	_____	_____

	Verdadero (correcto)	Falso (incorrecto)
5. Cristóbal Colón con su pequeña flota (Pinta, Niña y Santa María) entró en el mar del Caribe en 1492.	_____	_____
6. Exploradores europeos viajaron a las Islas Spice (Indonesia) en 1500.	_____	_____
7. Vasco Núñez de Balboa cruzó Panamá para ver el Océano Pacífico en 1513.	_____	_____
8. Ponce de León buscó "La fuente de la juventud" en Florida, pero llevó "Una fuente de muerte" (tabaco) en 1514.	_____	_____
9. Fernando de Magallanes navegó alrededor del mundo en 1519-22.	_____	_____
10. Hernán Cortés conquistó a los aztecas en México en 1521.	_____	_____

Clásicos literarios

Los clásicos tienen algo para todos, incluyendo cultura, historia y filosofía. Son entretenidos, reveladores, desafiantes, y fomentan la versatilidad mental.

¿Son correctos todos los autores y sus famosas palabras?

		Verdadero (correcto)	Falso (incorrecto)
750 a. C.	Homero, *La Ilíada* (sobre las guerras troyanas; Homero es considerado el primer escritor de literatura occidental)	_____	_____
380 a. C.	Platón, *La República* (primer libro de filosofía occidental)	_____	_____
1478	Geoffrey Chaucer, *Los cuentos de Canterbury* (llevó la literatura a la clase media)	_____	_____
1605/ 1615	Cervantes Saavedra, *Don Quijote* en dos volúmenes (la primera novela moderna)	_____	_____

	Verdadero (correcto)	Falso (incorrecto)
1667	John Milton, *El paraíso perdido*	_____	_____
1697	William Shakespeare, *Romeo y Julieta* (Shakespeare es el mayor poeta y dramaturgo inglés)	_____	_____
1726	Jonathan Swift, *Los viajes de Gulliver*	_____	_____
1732	Benjamin Franklin, *Almanaque del pobre Richard*	_____	_____
1813	Jane Austen, *Orgullo y prejuicio*	_____	_____
1818	Mary Shelley, *Frankenstein*	_____	_____
1845	Edgar Allan Poe, "La corneja"	_____	_____
1850	Nathaniel Hawthorne, *La letra escarlata*	_____	_____
1851	Herman Melville, *Moby-Dick*	_____	_____
1852	Harriet Beecher Stowe, *La cabaña del tío Tom*	_____	_____

Clásicos literarios

		Verdadero (correcto)	Falso (incorrecto)
1854	Henry David Thoreau, *Walden*	_____	_____
1855	Walt Whitman, *Hojas de hierba* (primera edición)	_____	_____
1860-61	Charles Dickens, *Grandes esperanzas*	_____	_____
1866	Fyodor Dostoevsky, *Crimen y castigo*	_____	_____
1869	León Tolstói, *Guerra y paz*	_____	_____
1884	Mark Twain (Samuel Clemens), *Huckleberry Finn* (primera edición)	_____	_____
1894	George Bernard Shaw, *Armas y el hombre*	_____	_____
1906	Upton Sinclair, *La jungla*	_____	_____
1916	Robert Frost, "El camino no elegido"	_____	_____
1922	T. S. Elliot, "La tierra baldía"	_____	_____
1926	Sinclair Lewis, *Elmer Gantry*	_____	_____
1929	William Faulkner, *El sonido y la furia*	_____	_____

		Verdadero (correcto)	Falso (incorrecto)
1929	Ernest Hemingway, *Adiós a las armas*	_____	_____
1939	John Steinbeck, *Las uvas de la ira*	_____	_____
1944	Tennessee Williams, *El zoo de cristal*	_____	_____
1949	Arthur Miller, *La muerte de un vendedor*	_____	_____
1973	Aleksandr Isayevich Solzhenitsyn, *Archipiélago Gulag*	_____	_____
1982	Alice Walker, *El color púrpura*	_____	_____
1997	J. K. Rowling, *Harry Potter y la piedra filosofal*	_____	_____

Duerme lo suficiente sin interrupción

El insomnio en la mediana edad y la ancianidad puede ser un problema grave. El cerebro genera tanta energía como una bombilla pequeña incluso durante el sueño, y necesita dormir sin interrupción para recuperarse. Los médicos oyen con frecuencia: "No puedo dormir. ¿Puede ayudarme?". Si tú o un familiar tienen dificultades para dormir, no están solos. Aproximadamente una tercera parte de la población reporta síntomas de insomnio, incluyendo problemas para quedarse dormidos y mantenerse dormidos. Tener un sueño no reparador puede conducir a disfunción durante el día.

Marca las siguientes actividades que probarás para mejorar la calidad de tu sueño:

- ☐ Evitar el uso prolongado de medicinas para dormir porque pueden interrumpir la etapa IV del sueño, haciendo que el sueño sea menos productivo.[11]
- ☐ Establecer una rutina regular de sueño en el momento de ir a la cama y despertar.
- ☐ Reducir la luz, el sonido y actividades estimulantes de una a dos horas antes de ir a dormir.
- ☐ Evitar beber cafeína o alcohol o comer en las cuatro horas anteriores a ir a la cama.
- ☐ Reducir o acortar las siestas durante el día.
- ☐ Hacer ejercicio temprano en el día porque libera adrenalina que fomenta la energía.

- ☐ Limpiar la mente de preocupaciones.
- ☐ Usar un ventilador para oír ruido blanco.
- ☐ Leer una novela relajante o escuchar música para sentir sueño.
- ☐ Relajarse tomando una ducha o baño caliente. Puede estimular el flujo sanguíneo; dar un margen de una hora antes de ir a la cama.
- ☐ Beber una bebida caliente, descafeinada y sin azúcar justo antes de ir a la cama (lleva sangre al estómago, causando una sensación de sueño debido a la ligera disminución de flujo sanguíneo a partes del cerebro).
- ☐ Comprobar los efectos secundarios de los medicamentos relacionados con el sueño.

Ejercicio físico para un estímulo mental

- Un estilo de vida activo aumenta el volumen cerebral. Ha quedado bien documentado que la actividad aeróbica es un potente estímulo para generar cambios estructurales en el cerebro.
- El ejercicio físico aumenta el oxígeno en el flujo sanguíneo y lo bombea al cerebro. El oxígeno es combustible para el cerebro y ayuda a aumentar la actividad neuronal.
- El ejercicio regular libera endorfinas, que son analgésicos naturales y elevan el estado de ánimo, y queman sustancias químicas tóxicas causadas por el estrés.

Una buena manera de poner en acción todo eso es programar un descanso en tu rutina diaria. Por ejemplo, sube las escaleras en la oficina o da un paseo por el bloque con el perro o con un niño. Tener a alguien que te acompañe hace que sea más divertido.

Contrariamente a lo que piensan muchas personas, los entrenamientos enérgicos y extenuantes no son necesarios para obtener los beneficios del ejercicio o el movimiento. La investigación confirma que treinta minutos de actividad moderada como caminar o montar en bicicleta tres o más veces por semana es preferible a hacer tres horas de ejercicio solo una vez por semana. Otros ejercicios aeróbicos son las máquinas de cardio, natación, senderismo, tomar clases de ejercicio o bailar.

Comienza cada día con mi rutina rápida "7 x 7" al despertar.

- 7 flexiones de brazos (de rodillas si es necesario)
- 7 sentadillas
- 7 estiramientos de pierna izquierda
- 7 elevaciones de pierna de costado
- 7 expansiones de pecho (echa los brazos atrás)
- 7 estiramientos de cuello adelante y atrás
- 7 veces inclinar el cuerpo hasta tocar el piso (o los dedos de los pies)

Considera seguir una dieta mediterránea y mantener un peso sano

Todo lo que comes droga tu cerebro para bien o para mal, de modo que cuídate de lo que pones en tu boca.

¿Batallas tú mismo o un familiar con tener sobrepeso? Los estudios muestran que un índice de masa muscular (IMM) mayor de veinticinco puede disminuir la memoria. El IMM es una ratio calculada de la altura y el peso de una persona. Consulta en el internet esquemas o calculadoras para obtener tu número. Si eres una persona muy musculosa, este número puede ser un poco más alto, pero es un buen cálculo.

Come menos. No puede ser más sencillo que eso. El tamaño de la ración es importante porque el enfoque mental es influenciado por comer demasiado así como por comer muy poco. Usa platos más pequeños, usa bolsitas para las sobras en restaurantes, y disfruta de cada bocado. Una recomendación estándar es comer hasta estar lleno al 80 por ciento. Otra indicación: evita dietas muy bajas en carbohidratos porque el cerebro necesita un flujo regular de carbohidratos para alimentarlo veinticuatro horas al día. Come proteínas en cada comida y disminuye los azúcares obvios y ocultos (en los alimentos precocinados).

Desayunar tiene beneficios. Algunas personas se saltan el desayuno para evitar las calorías, pero desayunar es un buen fundamento para un día productivo a cualquier edad. Por ejemplo, el Programa Desayuno Escolar de la USDA (Departamento de

Agricultura de los Estados Unidos) ayuda a potenciar el éxito en el salón de clase y hábitos sanos en la vida. La investigación apoya las afirmaciones de que el desayuno ayuda a mejorar la atención, la habilidad para resolver problemas y la memoria.

Comer bien en general contribuye a la longevidad cerebral, al igual que tiene beneficios en el corto plazo como el aprendizaje y la concentración.

Me preocupan en especial los ancianos porque normalmente tienen malos hábitos alimentarios, por muchas razones. El cerebro requiere ciertos nutrientes y vitaminas, de modo que una mala nutrición hace que esta población sea todavía más vulnerable al deterioro mental y las enfermedades. Ten esto en mente cuando visites a un anciano. En lugar de llevarles flores y dulces, lleva un librito de crucigramas y juegos de palabras, una revista divertida para leer, o arándanos frescos.

Elecciones sabias en la dieta incluyen alimentos altos en ácidos grasos omega-3 o vitaminas B y D, alimentos derivados de plantas, la especia cúrcuma, y sin duda todos los demás alimentos sanos que sabes que deberías comer. Puedes hacer una búsqueda en el internet de listas concretas de alimentos y muestras de menús.

Prueba la dieta mediterránea. La investigación ha demostrado que las personas que comen más alimentos frescos, pescado, granos integrales y grasas saludables no solo pesan menos sino que también tienen menor riesgo de enfermedades cardíacas, depresión y demencia.

Considera los siguientes alimentos como una pauta general y haz ajustes según tus preferencias individuales. Estos alimentos son relativamente baratos, se encuentran fácilmente y son deliciosos. Una regla básica: si es blanco (papas, pan), come menos; si es verde, come más. Al hacer tan solo uno o dos de los siguientes cambios en la dieta tu cerebro ganará salud.[12]

Considera seguir una dieta mediterránea y mantener un peso sano

- más pescado (ácidos grasos omega-3)
- más verduras (especialmente de color amarillo y verde)
- pollo y pavo asado o al grill
- té y café con moderación
- más granos integrales
- frutas (bayas y con piel comible) para obtener fibra
- más legumbres (frijoles) y frutos secos (almendras)
- hierbas y especias (en lugar de sal) para dar sabor a las comidas
- aceite de coco o de oliva (no grasas saturadas) para cocinar para mejorar los niveles de colesterol bueno (HDL)
- menos queso; escoge productos lácteos bajos en grasas
- menos carne de res y de cerdo
- menos pasteles, tartas y galletas; evita los azúcares simples
- menos alimentos fritos
- no te saltes comidas (saltarse comidas hace que el cuerpo convierta la comida en grasa y ralentiza el metabolismo)

Considera tomar suplementos de vitaminas y antioxidantes

Es una buena idea estar familiarizado con los ácidos grasos omega-3, la familia de vitaminas B, vitamina D y antioxidantes. En general, las vitaminas no hacen daño; incluso pueden ayudar en muchas situaciones. Sin embargo, ten cuidado con el consumo excesivo de cualquier vitamina. Un suplemento de multivitaminas diario es probablemente una buena idea para las personas que no siguen y no pueden seguir una dieta diaria bien equilibrada.[13]

Atención: no creas los trucos que proclaman que las megavitaminas que son "naturales" son mejores que las sintetizadas en laboratorios. Una vitamina es una sustancia química: una sustancia química utilizada en una reacción bioquímica particular. No cuenta para nada si esa sustancia química ha sido extraída naturalmente o sintetizada en un laboratorio.

En ocasiones, los suplementos son necesarios; por ejemplo, el hierro para la anemia y la vitamina D si una persona no se expone al sol lo suficiente para que el cuerpo sintetice la vitamina (o si la persona tiene deficiencia de vitamina D, como sucede con gran parte de la población).

Los antioxidantes pueden ayudar a disminuir los radicales libres causantes de enfermedad (oxidantes) en el cerebro y en otros lugares del cuerpo. Esto puede prevenir o detener el daño celular causado por los oxidantes químicamente inestables. Son productos de desecho de las funciones celulares normales como el metabolismo (utilizar alimento como energía) y de toxinas externas como la polución, el humo del tabaco y el alcohol. La oxidación en las células altera la estructura química y la función de la célula. A propósito, cuando una persona tiene demencia o Alzheimer en un estado importante, puede que sea demasiado tarde para que los antioxidantes ayuden porque estos pacientes metabolizan el oxígeno de modo diferente.

Los estudios sobre los beneficios de los suplementos de antioxidantes discrepan, de modo que deberías hablar de ello con un médico. Los siguientes son algunos a considerar: aceite de pescado (con revestimiento entérico), NAC (N-acetilcisteína), ALA (ácido alfa lipoico), y vitaminas C, E, D_3 y complejo de vitamina B.

Los suplementos de vitamina B_6 y B_{12} podrían ayudar en la neurogénesis/regeneración de células nerviosas. La B_9 es un neurotransmisor de memoria.

Alimentos como granadas, mangos, arándanos, bayas, uvas rojas, proteína de suero de leche, té verde, curry y cúrcuma son altos en antioxidantes.

Bebe alcohol con moderación y no fumes

Cada vez que agarres una droga adictiva, detente e imagínate a ti mismo sin poder manejarte en una residencia para ancianos. No vale la pena hacer cosas que dañan tu cerebro. El tabaco y el alcohol afectan la capacidad del cuerpo para llevar oxígeno y nutrientes al cerebro. Aceleran el proceso de envejecimiento natural y contribuyen a la formación de placas en las neuronas que conducen a la demencia. La nicotina puede aumentar temporalmente el funcionamiento neurocognitivo, la atención y la memoria funcional, pero la adicción a la nicotina puede matar.

El alcohol es una de las drogas de mayor consumo. Una dependencia puede disminuir la esperanza de vida en quince años, y se ha relacionado con problemas de salud que incluyen casi todos los tipos de deterioro cognitivo y demencia. Con el tiempo, disminuirá el volumen cerebral y causará importantes consecuencias físicas, psicológicas y sociales.

Algunos estudios sugieren que una bebida al día para las mujeres y dos bebidas para los hombres puede reducir el riesgo de enfermedad cardíaca y demencia en adultos de más edad. Yo no recomiendo tomar bebidas alcohólicas, pero el consumo en bajas dosis de ciertos tipos puede ser beneficioso.

Chequeos de salud regulares

Los chequeos de salud regulares realizados por un médico de familia o un internista son especialmente importantes para las personas de más de cincuenta años. Si pueden identificarse problemas y tratarse a etapas tempranas, tienen más probabilidades de ser detenidos o curados. Toma nota de charlar sobre cualquier preocupación de memoria en tu próxima cita de salud.

Haz que el médico revise todas tus medicinas con receta y sin ella. Las personas ancianas metabolizan las medicinas a un ritmo más lento y pueden alcanzar niveles tóxicos más fácilmente que los adultos más jóvenes. Esto, combinado con efectos secundarios y alteraciones por las medicinas, pueden causar cambios de humor, confusión y pérdida de memoria.

Socializa

Todos tenemos una necesidad básica de ser amados y aceptados; el apoyo es una de las necesidades psicológicas más importantes. Recuérdate a ti mismo cada día que *las relaciones son más importantes que los proyectos*. Esta verdad puede alterar algunas de tus rutinas o patrones de pensamiento, pero es para bien.

Se ha dicho que una carga compartida es solo la mitad de la carga. Todos necesitamos personas con quienes conversar. Pasar tiempo con familiares y amigos utiliza áreas del cerebro que procesan la atención, la memoria y las tareas cognitivas. Haz un esfuerzo por acercarte a alguien que conoces y que puede que se sienta solo; será bueno para ambos. Y no pases por alto las relaciones con tus hermanos. Esos vínculos naturales puede que necesiten ser reavivados y alimentados.

Dale a tu mente ejercicios dirigidos a obtener resultados

Con el tiempo, no desafiar tu cerebro puede dar como resultado atrofia cerebral, o contracción del cerebro. Los ejercicios mentales aumentan el número de conexiones entre células nerviosas, lo cual proporciona un abanico de maneras en que las células se comuniquen mutuamente y aumenta la velocidad en que lo hacen. Las conexiones neuronales te ayudan a mantenerte enfocado, anticipar y responder adecuadamente, traer a la mente recuerdos, y procesar información nueva.

¡Estimula tu mente cada día! Esto es factible incluso si estás un poco desmotivado: lee, juega juegos de memoria en el internet, haz rompecabezas, practica nuevas habilidades, juega juegos de palabras, aprende algo nuevo, participa en pasatiempos, prueba tu memoria, haz cuentas en tu cabeza, dibuja cosas (como mapas) de memoria, practica la coordinación mano-ojo, y escucha música. Prueba usar tu mano contraria para tareas rutinarias como cepillarte los dientes, abrocharte los botones de una camisa, atarte cordones de zapatos o escribir tu nombre. Esto fortalece las conexiones neuronales e incluso hace crecer otras nuevas. Es como el ejercicio físico que mejora las funciones corporales y desarrolla músculos.

Tener un entorno estimulante también es útil. Los pájaros enjaulados necesitan una variedad de entornos diversos y desafiantes para su estimulación física y mental. Lo mismo es cierto para las personas. Haz viajes cortos en auto o toma rutas diferentes por la ciudad para cambiar de escenario. Júntate con amigos en diferentes lugares para tomar café y da paseos por parques diferentes. En cualquier actividad que escojas, aventúrate a salir de tu zona de confort.

Personas famosas en la historia

¿Son correctos los siguientes datos sobre estas personas famosas en la historia? Incluso una entrada incorrecta supone una respuesta falsa para toda la línea.

		Verdadero (correcto)	Falso (incorrecto)
	Adán y Eva, el primer hombre y la primera mujer	____	____
470- 399 a. C.	Sócrates, un filósofo griego clásico	____	____
460-370 a. C.	Hipócrates, un médico griego	____	____
428-348 a. C.	Platón, alumno de Sócrates y maestro de Aristóteles	____	____
384-322 a. C.	Aristóteles enseñó a Alejandro Magno	____	____
69-30 a. C.	Cleopatra, la última faraona activa del Egipto ptolemaico	____	____

		Verdadero (correcto)	Falso (incorrecto)
5 a. C.-33 d. C.	Jesucristo, la figura central del cristianismo	___	___
1492	Cristóbal Colón descubrió América	___	___
1776	Thomas Jefferson y la Declaración de Independencia de EE. UU.	___	___
1905	Einstein y $E=MC^2$	___	___
1969	el hombre caminó sobre la luna: Apolo 11	___	___
1981-89	Ronald Reagan fue presidente de los Estados Unidos	___	___
2009	Barack Obama fue investido presidente de los Estados Unidos	___	___

Conceptos matemáticos

Conocer un concepto matemático significa que conoces lo elemental que hay detrás de la respuesta. Como sabes por qué funcionan las cosas, puedes averiguar las respuestas y fórmulas tú mismo. Esto te permite pensar y procesar de modo abstracto.

¿Están definidos correctamente los siguientes conceptos matemáticos? Incluso una inexactitud hace que toda la frase sea incorrecta/falsa.

		Verdadero	Falso
1. álgebra	un sistema matemático que resuelve problemas aritméticos mediante el uso de letras para representar números		
2. geometría	un sistema matemático que implica relaciones de puntos, líneas, planos y sólidos		
3. trigonometría	ángulos de triángulos		
4. abscisa	x es la distancia horizontal de un punto desde una escala vertical		
5. ordenada	y es la distancia vertical de un punto desde una escala horizontal		
6. integrales	números enteros tanto positivos como negativos		

		Verdadero	Falso
7. número primo	divisible solo por 1 y por sí mismo	___	___
8. ángulo recto	un ángulo de 90 grados	___	___
9. distancia	= velocidad x tiempo; d = vt	___	___
10. hipotenusa	el lado más largo de un triángulo rectángulo; el lado opuesto al ángulo de 90 grados	___	___
11. Pi (P)	la ratio entre la circunferencia de un círculo y su diámetro; P = 3,1416; P = c /d = circunferencia / diámetro	___	___

Definiciones de biología

La biología es el estudio de la vida y los organismos vivos (orígenes, crecimiento, reproducción, estructura y conducta), desde criaturas unicelulares hasta los organismos vivos más complejos de todos: el ser humano. Incluye el estudio de los genes y las células que dan a las cosas vivas sus características especiales.

¿Son correctas las siguientes definiciones y conceptos de biología?

		Verdadero	Falso
1. biología	el estudio de los organismos vivos	___	___
2. ácidos	compuestos químicos que liberan iones de hidrógeno en solución	___	___
3. bases	compuestos químicos que aceptan iones de hidrógeno en solución	___	___
4. ácidos nucleicos	moléculas grandes que contienen el código genético para ese organismo	___	___

		Verdadero	Falso
5. citoplasma	sustancia semilíquida que contiene orgánulos	____	____
6. orgánulos	cuerpos microscópicos dentro del citoplasma que realizan distintas funciones	____	____
7. ribosomas	cuerpos orgánulos unidos al retículo endoplásmico que son los lugares de la síntesis de proteína	____	____
8. Golgi	un orgánulo que es el lugar de procesamiento de las proteínas y los lípidos	____	____
9. enzimas	proteínas que catalizan reacciones químicas dentro de las células	____	____
10. mitocondria	el orgánulo donde se produce la energía dentro de las células	____	____
11. núcleo	el orgánulo que contiene el material genético ADN	____	____

		Verdadero	Falso
12. difusión	el movimiento de moléculas desde una región de alta concentración a otra de más baja concentración	____	____
13. ósmosis	difusión que implica solo moléculas de agua, y a menudo a través de una membrana semipermeable	____	____
14. adenosina	la sustancia que proporciona la energía en el trifosfato de las células (ATP)	____	____
15. fotosíntesis	el proceso en plantas de utilizar energía para sintetizar carbohidratos	____	____

		Verdadero	Falso
16. ciclo de Krebs	la subdivisión de respiración celular en la cual el ácido pirúvico es descompuesto y la energía resultante se usa para formar compuestos de alta energía	_____	_____
17. mitosis	un tipo de división celular que ocurre en fases y produce dos células hijas cada una con el mismo número y tipo de cromosomas que la célula madre; el proceso mediante el cual se reproducen las células	_____	_____
18. meiosis	un tipo de división celular mediante la cual el número de cromosomas se divide mediante la formación del gameto; el proceso por el cual se producen células de esperma y huevos	_____	_____

Definiciones de biología

		Verdadero	Falso
19. genoma	el conjunto de todos los genes que especifican las características de un organismo	____	____
20. genotipo	la composición de genes de un organismo vivo	____	____
21. fenotipo	la expresión de los genes de un organismo vivo	____	____
22. taxonomía	la ciencia de la clasificación de los organismos	____	____
23. invertebrados	animales sin huesos como esponjas, medusas, lombrices, caracoles, calamares, ostras, pulpos, arañas, garrapatas, langostas, insectos, erizos de mar y algunos reptiles	____	____
24. vertebrados	animales con huesos, como peces, anfibios, algunos reptiles, aves y mamíferos	____	____

Conoce las palabras 4

Aprende las definiciones de siete palabras.

Incluso si ya conoces algunas de las palabras siguientes, practica utilizándolas más a menudo en las conversaciones.

Repasa palabras nuevas durante un periodo de semanas para ayudar a almacenarlas en tu memoria permanente.

ignominia: humillación
quimera: una ilusión
patán: una persona grosera
circa: preposición que significa "hacia"
circunspecto: cauto
subrepticio: secreto
confluir: juntar

Potencia tu tiempo de "tarea mental"

Si te resulta cada vez más difícil recordar cosas o quieres potenciar tu capacidad de memoria, considera los siguientes consejos e inclúyelos en tus rutinas.

Determina tu *mejor momento biológico del día*. ¿Eres más agudo temprano en la mañana o tarde en la noche? Usa estos momentos personales para la lectura, el papeleo y los juegos mentales.

Usa tu tiempo sabiamente. Encuentra *momentos libres* cada día para el ejercicio mental. Yo estudié incontables horas, pero en pequeños lapsos de tiempo llevando conmigo tarjetas resumen y páginas de mis notas: un momento aquí y un momento allá. Encontrarás más de estos momentos si los buscas y simplificas tus rutinas y tareas. Yo usé momentos libres para escribir unos cincuenta libros.

Para grandes proyectos de aprendizaje, divídelos en *partes más pequeñas*. Observa que los libros están divididos en capítulos. Si lees un capítulo cada día, pronto terminarás el libro completo.

Ten *lugares organizados* para leer y estudiar, con un sillón cómodo y buena luz. Pon orden en esas zonas "de pensar".

Toma *breves recesos* cada veinte o treinta minutos. Camina, estírate, bebe algo, o sal afuera para respirar aire fresco. Esto te ayuda a mantenerte alerta.

Ten *relojes y calendarios* en las habitaciones donde más tiempo pasas.

Ten a mano *un teléfono inteligente o un cuaderno* para anotar nombres, números telefónicos, citas, listas, tareas, direcciones, etc.

Es fácil perder la noción del tiempo. Pon *alarmas* para cosas importantes que tengas que hacer. Pon *notas adhesivas* por la casa como recordatorios de hacer cosas importantes que podrías olvidar.

Si quieres recordar algo, *dilo en voz alta*: varias veces. Yo lo hago con frecuencia cuando voy manejando solo en el auto.

Antes de acostarte, decide las *tres tareas más importantes* para el día siguiente y anótalas. Hacerlo conseguirá que cada día comience bien.

Haz de las tareas mentales una *prioridad*.

Practica técnicas de memoria

Hay muchas técnicas de memoria; la nemotecnia es un sistema para mejorar y ayudar a la memoria. Nos ayuda a recordar información.

Los tipos más comunes de mnemotecnia son música (letra y melodía), nombre (la primera letra de cada palabra para una lista de puntos), expresión/palabra (la primera letra de cada punto en una lista para formar una frase o palabra), modelo (gráfico de torta, o modelos de secuencia o pirámide), oda (en forma de poema o rima), organización de notas (tarjetas, bosquejos, preguntas y respuestas), imágenes (dibujos que potencian el recuerdo de información), conexión (información conectada a algo ya conocido), y deletreo (dividir palabras en otras más pequeñas o combinaciones de letras).[14]

Probablemente ya usas algunas de estas técnicas sin siquiera darte cuenta. Prueba tantas como puedas y escoge las que mejor funcionen para ti.

Visualización con exageración y vínculos ayuda al vocabulario y mejora la memoria de corto plazo. Ejemplos:

Visualiza *sinónimos* interesantes para la palabra *grande*: imagina que vas corriendo por la playa cuando ves un barco enorme. Tu mente ve una miríada de personas (muchas) a bordo del barco. El barco es espacioso (amplio). El barco se dirige a una megalópolis (tienes una amiga llamada Meg que vive en la ciudad, de modo que puedes relacionarlo con megalópolis).

Visualiza y une una *lista de cosas*: necesitas comprar leche, coco, plátanos y pan. Visualiza a un mono balanceándose por los árboles (coco y plataneros). El coco tiene leche dentro, y conoces una receta de pan de plátano estupenda. En tu mente, has unido todas las cosas que necesitas comprar.

Usa *exageraciones* para recordar frases chistosas. Por ejemplo:

Para recordar a una persona llamada Longman, visualiza a un hombre que es muy alto; exagéralo en tu mente.*

Usa *asociaciones* conectando información nueva con información vieja (común). Ejemplos:

En geografía, muchos recuerdan fácilmente Italia porque tiene forma de bota.
Al usar un atornillador o un grifo, piensa en "izquierda afloja, derecha aprieta".

Los *acrónimos* se forman con las primeras letras de otras palabras y se pronuncian como una palabra. Ejemplo:

En la escuela médica aprendí los síntomas de la demencia con "IMAJO" (que significa deficiencia en Intelecto, Memoria, Afecto, Juicio y Orientación).

(*) En inglés, long = largo / man = hombre (nota del editor)

Imágenes en monedas y billetes

El Tesoro estadounidense anunció en 2016 que el billete de veinte dólares tendría la imagen de Harriet Tubman en el frente, con Andrew Jackson y una imagen de la Casa Blanca en el reverso. Los nuevos billetes de cinco y de diez dólares presentarán a mujeres y líderes por los derechos civiles en el reverso. La fecha de circulación todavía no se ha anunciado.

¿Qué imágenes aparecen en monedas y billetes estadounidenses? ¿Son correctas todas las siguientes?

Moneda/Billete	Imagen	Verdadero	Falso
1. un centavo/penique	Lincoln	_____	_____
2. cinco centavos/nickel	Jefferson	_____	_____
3. diez centavos/dime	Roosevelt	_____	_____
4. veinticinco centavos/cuarto	Washington	_____	_____
5. billete de un dólar	Washington	_____	_____
6. billete de cinco dólares	Lincoln	_____	_____

Moneda/Billete	Imagen	Verdadero	Falso
7. billete de diez dólares	Hamilton	____	____
8. billete de veinte dólares	Jackson	____	____
9. billete de cincuenta dólares	Reagan	____	____
10. billete de cien dólares	Franklin	____	____

Funciones de la mente

La psicología es el estudio de cómo funciona la mente humana, e incluye la actitud, conducta, pensamiento y razonamiento de quiénes somos. Naturalmente, incluye cómo mejorar la memoria.

¿Son correctas las siguientes afirmaciones (verdaderas) o incorrectas (falsas)?

	Verdadera	Falsa
1. La memoria se almacena en vocabulario, conceptos (conocimiento) y visualización. Una memoria fotográfica puede desarrollarse hasta cierto grado con la práctica.	_____	_____
2. Neuroplasticidad se refiere a la capacidad del cerebro durante toda la vida de cambiar y remodelarse a sí mismo en respuesta a la estimulación del aprendizaje y la experiencia.	_____	_____
3. La mente subconsciente es como un banco de memoria con capacidad prácticamente ilimitada. Almacena de modo permanente todo lo que nos sucede.	_____	_____

		Verdadera	Falsa
4.	El pensamiento implica la mediación de ideas o datos cuando formamos conceptos y resolvemos problemas, razonamos y tomamos decisiones.	_____	_____
5.	La mente es un conjunto de facultades cognitivas que incluyen consciencia, percepción, pensamiento, juicio y memoria.	_____	_____
6.	La cognición incluye percepción, atención, memoria funcional, memoria de largo plazo, producir y entender el lenguaje, aprendizaje, razonamiento, resolución de problemas, y toma de decisiones.	_____	_____
7.	La psicología social estudia cómo piensan los humanos y se relacionan unos con otros.	_____	_____
8.	La personalidad aborda patrones de conducta, pensamiento y emoción en los individuos.	_____	_____
9.	La psicología del desarrollo busca entender cómo las personas llegan a percibir, entender y actuar y cómo cambian estos procesos con el envejecimiento.	_____	_____

	Verdadera	Falsa
10. La psicología educativa estudia cómo aprendemos en entornos educativos, la eficacia de las intervenciones educativas, y la psicología de la enseñanza.	____	____

Conoce tu idioma

Aprender lectura, deletreo, literatura y composición desarrolla nuestra comprensión y uso del lenguaje escrito y oral.

¿Están definidos correctamente los siguientes conceptos?[15]

		Verdadero	Falso
1. sustantivo	parte de la oración que nombra a una persona, lugar o cosa	____	____
2. verbo	parte de la oración que indica una acción	____	____
3. pronombre	una palabra que sustituye a un sustantivo	____	____
4. tiempo	una forma adoptada por un verbo para indicar el tiempo de una acción, como presente, pasado, futuro, presente perfecto, pasado perfecto y futuro perfecto	____	____

		Verdadero	Falso
5. modo indicativo	una forma verbal que hace una afirmación	____	____
6. modo imperativo	una forma verbal que expresa un mandato	____	____
7. adjetivo	una parte de la oración que modifica un verbo, un adjetivo, una oración, o una palabra de la misma clase	____	____
8. adverbio	una parte de la oración que modifica al sustantivo	____	____
9. preposición	una parte de la oración que conecta: *en, a través de, por, sobre para, como* y *con*	____	____
10. conjunción	una palabra conectora que une partes de frases, como *y* o *pero*	____	____

Hay algo especial en estos tiempos

En lo que respecta a las palabras, es una era inusualmente fructífera. Eres afortunado si todavía tienes adolescentes en tu vida porque estar al tanto de su vocabulario puede hacer que te veas "popular" y ejercitar tu cerebro al mismo tiempo. Las palabras de más uso, la jerga y los emojis cambian constantemente. Aprender este lenguaje viral hace que tu cerebro se ejercite.

Algunas palabras y frases han sido acortadas y convertidas en abreviaturas y acrónimos. YouTube y Twitter (ahora X) dirigen este juego de la jerga. Prueba a usar algunos (por ej., DTB: Dios te bendiga) cuando envíes textos a tus hijos o nietos. Se quedarán totalmente asombrados.

- *X2:* para señalar que estás de acuerdo (se lee y se dice "por dos"). Y si otra persona ya lo dijo, se usa "X3", "X4", etc.
- *TKM / TQM:* te quiero mucho
- *tmb:* también
- *pq:* porque
- *dsp:* después

También es desafiante entender cómo palabras que tienen cierto significado ya no se usan adecuadamente.

- *Gucci*: derivado del nombre del diseñador de moda de lujo, este término significa "muy bonito". Ejemplo: "¿Tu nuevo escritorio? Es muy Gucci".

- *Stalkear*: pasearse por el perfil de redes sociales de alguien.
- *Random:* se usa para señalar que es algo al azar, sin un sentido en particular.
- *Hater:* persona que de manera anónima ataca a otros usuarios. También se usa para decir "tirar hate".
- *Mood:* ánimo para hacer alguna actividad: "No estoy en el mood".

Ejercicio mental con palabras

Es un hecho: pensamos con palabras. Nos comunicamos con palabras. La memoria se almacena principalmente en palabras. Los pensamientos se convierten en palabras, y las palabras se convierten en acciones.

Algunas palabras resulta divertido decirlas. Lee las siguientes en voz alta y disfruta:

garambaina (adorno de mal gusto en los vestidos u otras cosas)
patas arriba (desordenado)
casquivana (persona frívola)
galimatías (poco claro, incomprensible)
cacharro (objeto no definido)
holgazanear (perder el tiempo en una actividad sin sentido)
sentimentaloide (persona débil e indecisa)
paparrucha (tontería)
campanilleo (sonido de campanas)
nefelibata (persona soñadora)
rajabroqueles (valentón que se jacta de pendenciero y guapo)

Aprende palabras por la salud de tu cerebro

Para estimular tu memoria, sugiero aprender o repasar por lo menos algunas palabras nuevas cada día. Cada palabra aprendida desencadena otro recuerdo porque palabras y definiciones están conectadas a otras. Este ejercicio mental aumenta la capacidad cerebral.

Cómo aprender palabras nuevas:

Lee. Mientras más leas por placer, mejor. La mayoría de las palabras nuevas se aprenden al verlas en un libro o una revista. Mejor vocabulario tendrás si eres expuesto a más palabras. Leer en voz alta le da un empujón extra a tu ejercicio mental.

Aprende palabras nuevas en frases o en un párrafo para poder recordar el contexto.

Presta atención a cómo se usan las palabras. El contexto de una palabra nueva en una frase o historia a menudo es suficiente para suponer el significado. Aprenderás vocabulario incluso sin darte cuenta.

Anota palabras y definiciones, y después practica usándolas en frases. Mientras más las digas, mejor las recordarás.

Establece asociaciones de palabras y conexiones con imágenes u otras palabras.

Juega con las palabras. Juega Scrabble y haz crucigramas. Hay muchos juegos de palabras disponibles en el internet y en cuadernos de ocio.

Ten el hábito de buscar las definiciones de palabras que no conoces.

Repite. La investigación muestra que son necesarios de diez a veinte usos o repeticiones de memoria para que una palabra sea parte de tu vocabulario.[16] Ver y usar la palabra una y otra vez te ayuda a retenerla.

Homógrafos

Palabras que a menudo se escuchan juntas (como sal y pimienta) o palabras que comparten algo de su significado (como médico y enfermero) están conectadas o relacionadas en el cerebro. Las siguientes adivinanzas estimularán las conexiones o asociaciones entre palabras en tu cerebro. Verás pares de palabras; la meta es encontrar una tercera palabra que esté conectada o relacionada con esas dos palabras. Por ejemplo, piensa en la pareja *dinero* y *asiento*. La respuesta es *banco*. Hay *bancos* que guardan el dinero y hay *bancos* para sentarse. A la palabra *banco* se le denomina homógrafo: una palabra que tiene más de un significado, pero siempre se deletrea igual.

¿Estás listo para estimular las conexiones en tu cerebro? ¿Cuál es el homógrafo para cada par?[17]

1. fruta/sartén
2. vino/calzado
3. ejército/agua
4. tenis/nieve
5. animal/fuego
6. hueso/temperatura
7. marítimo/noticias
8. pegamento/rabo
9. aromatizador/martillo
10. capital/fruta

La magia de los prefijos, sufijos y raíces

Conocer prefijos, sufijos y raíces de las palabras y cómo usarlos puede revelar el significado de miles de palabras. Cada prefijo podría tener la llave para cien palabras.

Por ejemplo, *mal* significa "malo". Sabiendo esto, puedes suponer el significado de maleducado, malentendido, malinterpretar, malestar, malhechor, malvado, malformación, malintencionado, maligno o maltrato.[18]

Modismos

Los modismos son expresiones que no tienen sentido si se traducen literalmente. ¿Puedes interpretar los siguientes modismos y usar cada uno de ellos en una frase?

flor de un día
como agua para chocolate
echarse atrás
presa fácil
tragarse sus palabras
ser aguafiestas
tener buena mano
la punta del iceberg
tener sentido
por los pelos

conocer el paño
rizar el rizo
la tajada del león
dar palos de ciego
hacerse el muerto
común y corriente
irónico
hacer el paripé
ser un novato

¿Qué puede hacerte más inteligente y más exitoso?

La lectura. Es mejor para tu cerebro que jugar con tu teléfono inteligente mientras matas el tiempo en aeropuertos o te relajas en la casa. La electrónica personal mantiene tu cerebro revoloteando y haciendo multitarea a lo largo del día, pero cuando lees un libro, tu atención se mantiene enfocada y firme. Pon a un lado tu teléfono y lee durante quince o veinte minutos antes de irte al trabajo o comenzar tu día. Tu nivel de estrés disminuirá y tu concentración aumentará.

Leer también puede ayudarte a ser más exitoso en cualquier cosa que hagas, porque ser versado, expresivo y conocedor en una variedad de temas es importante en casi todas las ocupaciones.

La lectura:

- mantiene afilada la capacidad de memoria y aprendizaje
- amplía el vocabulario y mejora el deletreo y las habilidades de comunicación
- desarrolla habilidades analíticas, la concentración y la creatividad
- potencia el pensamiento positivo, la empatía y la motivación, e impulsa la seguridad en uno mismo
- reduce el estrés y el riesgo de demencia y de enfermedad de Alzheimer
- aumenta el flujo sanguíneo y estimula diferentes zonas del cerebro

Es interesante que el nivel de ejercicio mental varía según los distintos tipos de lectura. Por ejemplo, leer una novela para el estudio literario ejercita funciones cognitivas más complejas que la lectura por placer. Mientras más difícil sea la lectura, mayores serán los beneficios.

La lectura cambia el cerebro. No todo el mundo es un buen lector, pero los malos lectores pueden ser entrenados, lo cual cambia y mejora su estructura cerebral. La lectura es un proceso complejo que implica que diferentes centros del cerebro trabajen juntos para aumentar la conectividad entre diversos circuitos neurales. Por ejemplo, el cerebro interpreta visión y escucha, expresión, emociones, aprendizaje, y movimiento detallado. Lenguaje, memoria, resolución de problemas, juicio y razonamiento se manejan en los lóbulos frontales. La corteza temporal izquierda está relacionada con la receptividad para el lenguaje. Y la circunvolución angular y supramarginal vincula estas partes del cerebro para ejecutar la lectura.

Consigue algo bueno para leer. Hay suficientes categorías de lectura para interesar a todos a lo largo de su vida: ficción, no ficción, biografías, autoayuda, pasatiempos, viajes, ciencia ficción, historia, juventud, recursos, guías, misterios, literatura clásica, sátiras, antologías, religión, y muchas más. Los libros nos entretienen y nos ayudan a entender diferentes culturas y sociedades, y relacionan la historia y conceptos con el mundo actual.

Consigue una tarjeta gratuita en tu librería local o descarga libros electrónicos. Puede que te tome semanas acostumbrarte a leer electrónicamente, pero tu cerebro se adaptará. Es rápido, fácil, gratuito y portátil. Los audiolibros son otra buena opción para los viajes en auto y largos trayectos hasta el trabajo. Al escuchar leer o leer en voz alta se utilizan diferentes circuitos cerebrales que cuando lees en silencio para ti.

Una cosa más: considera apagar el televisor algunas veces. La lectura es más demandante neurológicamente hablando. La mayoría de programación televisiva no estimula el cerebro; por eso es tan relajante. El cerebro tan solo procesa imágenes y expresión, y las imágenes visuales son automáticas. Por lo menos decide ver más programas educativos o los que tengan tramas y personajes complejos, para que así tu cerebro pueda participar.

Forma tu reserva cognitiva

Debido a que la función cognitiva está en su mejor momento alrededor de los treinta años, haz todo lo posible por mantener en forma tu cerebro para poder vivir una vida vital durante las siguientes cuatro o cinco décadas. La cognición es más que solo memorización. Es conocimiento, percepción, discernimiento, comprensión y aprendizaje; es el proceso de adquirir conocimiento y entendimiento.

Las personas que tienen reservas cognitivas pueden ser más resistentes a los cambios cerebrales relacionados con la edad o a la enfermedad de Alzheimer. También tienen menos probabilidades de mostrar señales tempranas de demencia, como pérdida de memoria de corto plazo y dificultad para la multitarea.

En algún momento en el futuro, tu familia o tú pueden ser evaluados por un profesional médico para encontrar posible disminución cognitiva. Cualquiera con problemas de memoria necesita una evaluación inicial. Puede que no sepas que en los Estados Unidos, los beneficiarios de Medicare pueden ser evaluados como parte de la visita anual. Esto se inició en 2011 como parte de la Ley de Atención Médica Asequible. Incluye el historial del paciente, observaciones clínicas, y preocupaciones expresadas por el paciente o la familia.[19] Sencillas herramientas de evaluación pueden detectar posible demencia y determinar si se necesitan evaluaciones adicionales. Estas pruebas pueden incluir el examen de Evaluación Cognitiva del Médico General y otras evaluaciones puntuales.[20] Estas herramientas incluyen la mayoría de los síntomas enumerados en la autoevaluación en el capítulo 1 o en los ejercicios mentales siguientes.

Considera trabajar con un compañero y añadir a tu rutina estos ejercicios mentales:

- *Memoria verbal*. Da de tres a diez palabras para recordar y pide repetirlas ahora y de nuevo más adelante.
- *Fluidez verbal*. Concede sesenta segundos para nombrar tantas palabras como sea posible en una categoría de palabras (por ej., alimentos, mascotas, recreación). Después, concede sesenta segundos para nombrar tantas palabras como sea posible que comiencen con una letra dada.
- *Memoria operativa*. Di números al azar cada vez mayores y pide repetir los números desde el más alto hasta el más bajo.
- *Velocidad motora*. Pon cien objetos pequeños (uno cada vez) en un recipiente durante sesenta segundos tan rápidamente como sea posible.
- *Información*. Di algo que ocurrió en las noticias la semana pasada, con todos los detalles posibles.
- *Distractibilidad emocional y memoria*. Da veinte palabras: diez objetos (por ej., pelota, galleta) y diez con valor emocional (por ej., romance, cáncer). Pide recordar todas las palabras, y después recuerda las dos listas por separado.

Estas evaluaciones pueden hacerse en un entorno clínico:

- *Razonamiento y resolución de problemas*. Mira dos imágenes simultáneamente; cada imagen muestra tres pelotas de distintos colores colocadas de modo diferente sobre tres estacas. Determina el menor número de veces que las pelotas en una imagen tendrían que moverse para que la colocación sea idéntica a la de la imagen contraria.
- *Velocidad de atención y procesamiento*. Diversos ejercicios de combinar y clasificar.

Dale a tu cerebro un cambio de ritmo

Los fines de semana son divertidos debido al cambio de ritmo. También lo son las vacaciones y los días feriados. Sin embargo, para ir un paso más allá, es de ayuda para tu mente cuando mezclas rutinas con diferentes actividades. Prueba algunas cosas nuevas y rompe tus rutinas.

Escoge actividades que desarrollen el cerebro y sean razonablemente complejas, variadas, nuevas y desafiantes, y hazlas frecuentemente. Por ejemplo, prueba algunas apps de agudeza cerebral en el internet. Probablemente no te harán más inteligente o más feliz, pero puede que te ayuden a realizar mejor ciertas tareas. No notarás ninguna transformación drástica, pero vale la pena intentarlo. Cualquier tarea que sea cognitivamente demandante es un buen cambio de ritmo para tu cerebro. Las siguientes son algunas ideas:

- Aprende algunas palabras coloquiales en un idioma extranjero.
- Cambia tus actividades matutinas e intenta hacer cosas con la mano contraria.
- Intercambia lugares en la mesa de la cena; cambia las conversaciones y la vista de la habitación.
- Abre las ventanillas del auto y observa los sonidos y siente los olores en tu ruta.
- Mantente informado sobre lo que sucede en el mundo.
- Lee libros y periódicos; únete a un club de lectura.

- Sé maestro de lectura o de otras áreas de interés para jóvenes o ancianos, o para personas que utilizan el español como su segundo idioma.
- Ofrécete de voluntario (las conexiones sociales son buenas para tu cerebro).
- Haz tus propios cálculos; resístete a usar una calculadora.
- En el supermercado, detente y mira los estantes de arriba abajo. Si hay algo que nunca antes has visto, lee los ingredientes y piensa al respecto. No tienes que comprarlo para beneficiarte.
- Visita museos y lugares históricos en el país donde vives.
- Compra en nuevos supermercados y cocina nuevas recetas.
- Prueba pasatiempos nuevos.
- Juega juegos "de pensar" como Scrabble, cartas, damas o ajedrez.

PARTE 3

EL ESTRÉS Y TU CEREBRO

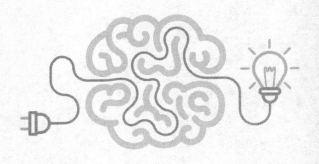

Autoevaluación: Síntomas de nivel de estrés

El estrés produce diversos síntomas físicos, psicológicos, mentales y conductuales. También puede desencadenar una enfermedad o agravar problemas de salud ya existentes.

Es importante cómo lo manejas personalmente. La mejor manera es seguir la pista a todos tus síntomas. Al evaluar las siguientes señales comunes de estrés crónico puedes ser capaz de determinar si es un factor aceptable y manejable en tu estilo de vida o si se ha vuelto perjudicial para tu salud en general.

La siguiente lista no es completa ni tampoco es una evaluación médica estandarizada. Simplemente proporciona una visión general de posibles síntomas que puede ayudarte a ser más consciente de tu bienestar emocional y físico. Es un punto de inicio para tomar nuevas decisiones que mejoren tu salud.

Por favor, evalúa cada uno de los síntomas en una escala de 0 a 10. Esto te ayudará a evaluar tus niveles de intensidad de estrés para que puedas trabajar en eliminar elementos estresantes o aumentar tu nivel de tolerancia.

0 = nada
1, 2 o 3 = leve/menor/perceptible: molesto pero no interfiere en las actividades diarias
4, 5 o 6 = moderado/moderadamente fuerte: interfiere en las actividades diarias

7, 8 o 9 = discapacitante/intenso: incapaz de realizar actividades diarias.
10 = grave

Síntomas emocionales

depresión, sentimiento de tristeza, ratos de llanto _____
cambios de ánimo frecuentes _____
preocupado, molesto _____
ansioso, nervioso, inquieto _____
agitación, frustración, sentirse abrumado _____
ira, arrebatos, irritabilidad, hostilidad, irritación _____
baja motivación, pocos intereses _____
problemas para prestar atención, distracción, olvidadizo _____
tenso, dificultad para relajarse _____
baja autoestima, soledad _____
temeroso, defensivo, suspicaz _____
sueños tristes y terribles _____
agotamiento, cansancio emocional _____
otros _____

Síntomas cognitivos

confusión, mal juicio, dificultad para tomar decisiones _____
olvidadizo, desorganizado _____
incapaz de enfocarse o concentrarse, frenesí de ideas _____
dificultad para comunicarse _____
tartamudeo, no puede pensar en palabras _____
problemas para aprender información nueva _____
preocupación irracional _____
pesimista, se enfoca en lo negativo _____
otros _____

Autoevaluación: Síntomas de nivel de estrés

Síntomas conductuales

compulsiones obsesivas o acciones repetitivas _____
problemas para funcionar en el trabajo, en el hogar o socialmente _____
evita a los demás, retirada social _____
postergación, evita responsabilidades _____
mayor consumo de alcohol, drogas o cigarrillos _____
hábitos nerviosos: no está quieto, se muerde las uñas _____
aumento de adicciones como compra o juego _____
más accidentes menores, torpeza _____
mentiras o excusas para encubrir acciones _____
ineficiente, improductivo _____
uso excesivo o inapropiado de medicamentos sin receta _____
mala higiene, desinterés en el aspecto _____
expresión rápida o atropellada _____
otros _____

Síntomas físicos

insomnio, dificultad para dormir o mantenerse dormido, hábitos de sueño cambiantes, pesadillas _____
apretar la mandíbula, apretar los dientes _____
mareado, aturdido _____
episodios de alergia _____
tensión muscular, dolores, espasmos o dolor _____
dolores de cabeza frecuentes _____
ardor de estómago, dolor de estómago, náuseas, indigestión _____
estreñimiento, diarrea _____
micción frecuente _____
fatiga, baja energía, debilidad _____

dolor de pecho, latido rápido _____
catarros e infecciones frecuentes _____
pérdida de deseo y/o capacidad sexual _____
boca seca _____
ataques de pánico _____
temblor, sacudidas _____
falta de aire, suspiros frecuentes _____
pitidos en los oídos, chasquidos o zumbidos _____
sofocos, sudor, rubor _____
manos o pies fríos o sudorosos _____
sarpullidos, erupciones, urticaria _____
eructos o flatulencia excesivos _____
cambios de apetito o peso _____
otros _____

Cómo manejar el estrés en tus mejores años

Algunos roles de adultos están cambiando debido a una tendencia actual que está influyendo a muchas familias en muchos países. Los hijos adultos están regresando a vivir con sus padres, y los padres ancianos viven más tiempo y necesitan ayuda. Aunque las familias estén dispersas por el país, hay más adultos que están participando en el cuidado de varias generaciones.

Lo siguiente es algo más que un ejemplo; es una advertencia de que el estrés crónico está amenazando la salud cerebral de muchos adultos en sus años de mayor apogeo.

Las personas en la "generación sándwich" tradicional tienen unos treinta, cuarenta, y más recientemente, cincuenta años. Se están ocupando de sus hijos a la vez que satisfacen las necesidades de sus padres ancianos que viven más tiempo y necesitan cuidados supervisados.

Los jóvenes adultos entre los veinticinco y los treinta y cuatro años de edad están siendo conocidos como "la generación búmeran". Es más común para ellos vivir con sus padres debido a las dificultades económicas. Los adultos "sándwich" son ahora responsables de ayudar a dos generaciones además de ocuparse de sí mismos en las rutinas diarias, servicios médicos, supervisiones, medicamentos, finanzas, y las necesidades legales y emocionales de sus seres queridos. Todo esto afecta las finanzas, el tiempo personal, la carrera profesional y la salud mental de los cuidadores. Están sucumbiendo al estrés y el agotamiento.

La "generación del club sándwich" incluye a quienes tienen cincuenta y sesenta años y están entre padres ancianos, hijos adultos, nietos, o quienes tienen treinta y cuarenta años con hijos pequeños, padres ancianos, y abuelos. La "generación transparente" es cualquier otro involucrado en el cuidado de ancianos.[1]

Todas estas situaciones y relaciones son diferentes, de modo que no hay maneras correctas e incorrectas de manejar el estrés crónico; sin embargo, hay algunas ideas que pueden ayudar a quienes están atrapados en el laberinto multigeneracional:

- Establecer límites para el gasto financiero para los hijos adultos y los padres ancianos, y mantenerse en los presupuestos acordados.
- Comunicación. Reunir regularmente a las tres generaciones para conversar de tareas, horarios y finanzas. Buscar ayuda externa para necesidades no satisfechas.
- Ser mentor de los hijos de más de dieciocho años y prepararlos para vivir independientemente.
- Considerar que los padres ancianos se muden a la casa. Tres generaciones viviendo juntas se está volviendo una tendencia más popular. Ahorra tiempo y dinero. Los cuidadores pueden reclamar beneficios fiscales y reducciones en cuidados médicos, y deducir facturas médicas en los impuestos. Por lo menos hay que hacer el cálculo.
- Cuidar de uno mismo. Las necesidades de los cuidadores con frecuencia se pasan por alto.

Haz menos

De vez en cuando dale un descanso a tu cerebro. La relajación puede agudizar la memoria y mejorar la creatividad, la productividad y el tiempo de reacción. Estos consejos rápidos pueden disminuir tu estrés y mejorar tu función cerebral, y son más terapéuticos de lo que puedas pensar.

Di "no". Hay que soltar algo. Intentar hacer todo para todo el mundo todo el tiempo es un estilo de vida peligroso que no terminará bien. Conoce tus límites, y asegúrate de que las personas que te rodean también los tengan claro. No intentes hacer más de lo que puedes manejar. Está bien decir no; deja más tiempo y energía para los *sí*. Y no tienes que dar explicaciones ni seguir disculpándote. Incluso puede ayudar a quienes te rodean a desarrollar independencia y habilidades.

Toma una breve siesta. Las siestas de diez minutos pueden mejorar la alerta hasta tres horas. Más tiempo puede interferir en el sueño nocturno y hacerte sentir atontado.

Detén la rutina diaria. El estrés puede fijarse en tu mandíbula. Apretar los dientes causa agotamiento mental, dolor facial, dientes dañados y mala calidad del sueño. Durante el día, intenta poner la punta de tu lengua entre tus dientes para relajar los músculos de la mandíbula cuando te sientas estresado. Deja de masticar goma de mascar porque hace que los músculos de tu mandíbula se acostumbren a estar apretados. En la noche, considera utilizar un mordedor (los personalizados son los mejores), evita la cafeína y el alcohol, y relaja los músculos de tu mandíbula sosteniendo una toalla caliente contra tu mejilla delante del lóbulo de la oreja.

Cambia de actividad

Camina. Los paseos breves y enérgicos pueden despejar la mente y aliviar el estrés. Caminar también aumenta la circulación sanguínea y hace que llegue más oxígeno al cerebro. Sal al exterior o busca un pasillo largo. No importa cuándo ni dónde, solo muévete. Levanta el ánimo y, aún mejor, escoge a alguien que te acompañe. Le alegrarás el día.

Haz una sacudida de cinco segundos. El estrés puede tensar los músculos del cuello, los hombros y la espalda. De pie o sentado, mira hacia arriba, estira los brazos a los lados y agita las manos con fuerza. Combina esto con una sonrisa y unas respiraciones profundas.

Anima tu cerebro. Nuestro cerebro está interconectado con nuestras emociones y expresiones faciales. Cuando las personas están estresadas, se les nota en la cara. Reír y sonreír alivia parte de esa tensión e incluso puede mejorar algunas situaciones.

Mantente erguido. Cuando las personas están estresadas, pueden descuidar su postura, como si llevaran el peso del mundo sobre sus hombros. Con el tiempo, algunos músculos se tensan o acortan, mientras que otros se alargan y se debilitan. Una mala postura puede provocar a largo plazo dolor de cuello, hombros y espalda. El encorvamiento también reduce el flujo de sangre y oxígeno al cerebro, restringe la respiración y tensa los músculos. Enderezar la columna vertebral tiene el efecto contrario: favorece la circulación, aumenta los niveles de oxígeno en la sangre y ayuda a reducir la tensión muscular, todo lo cual alivia el estrés.

Deja que tu mente divague

Piérdete. Toma breves recesos mentales y deja que tu mente divague. Piérdete en tus pensamientos y sueña despierto sobre cosas que quieres ver o hacer.

Mira adelante. Haz planes para actividades especiales en los próximos meses. Es difícil alejarse de un trabajo estresante, pero mirar adelante a algo divertido como un maratón de películas, un almuerzo con amigos, o un viaje breve puede darte una perspectiva calmante. Breves recesos espontáneos son estupendos también.

Cambia lo que consumes

Come bien. Los alimentos altos en carbohidratos estimulan la liberación de serotonina, una sustancia química cerebral que causa felicidad y ayuda a inducir la calma; sin embargo, hay buenos carbohidratos y malos carbohidratos. Las personas que intentan sentirse mejor pueden comer en exceso malos carbohidratos (refinados) como papas fritas, bebidas azucaradas y galletas. Por eso pueden subir de peso cuando están estresados.

Recorta la cafeína. La cafeína afecta a las personas de modo diferente, en parte porque la genética influye en nuestra respuesta a la cafeína. Sus efectos son duraderos y pueden agravar el estrés o la percepción de estrés. La cafeína es un estimulante suave para el sistema nervioso central, de modo que si la tomas habitualmente, tu cerebro aprende cuándo llega la droga y se prepara para reaccionar. Bebe cafeína la mitad de las veces, y descafeinado la otra mitad. El café o el té se pueden mezclar a la mitad. Tu cerebro dejará de relacionar la bebida con una respuesta a la cafeína. Además, cambia cuándo y dónde bebes cafeína para que tu cerebro deje de relacionar la cafeína con esos momentos y lugares. Haz recortes lentamente para evitar los dolores de cabeza por dejar de consumir cafeína. En unas semanas, aumenta gradualmente la proporción de bebidas descafeinadas.

Evita automedicarte. El alcohol y las medicinas sin receta pueden añadirse a tus problemas.

Ten abundancia de horas de *sueño, ejercicio, y buena nutrición.*

Obtén perspectiva

Haz dos listas. Obtén una nueva perspectiva mirando el cuadro general. Haz una lista de los estresantes que podrías cambiar o evitar. Haz otra lista de las cosas que no puedes cambiar. Cambia lo que puedas de la primera lista, como evitar temas controvertidos o encontrar tiempo para ti mismo. Deja de estresarte por cosas que están fuera de tu control, como cambiar el estilo de gerencia de tu supervisor o curar a un padre anciano.

Escoge un lema. Cuando se prende la respuesta al estrés, bioquímicos recorren tu cuerpo y tu cerebro pasa a estado de alarma. Decide una frase breve y positiva que te calme, como: "Escojo la paz" o "Puedo manejar esto". Cierra tus ojos y repite tu lema tres veces cada vez que te sientas estresado.

Cambia tu ubicación

Encuentra tranquilidad. Hay algo tranquilizador en la calidez y la oscuridad. Frota las palmas de tus manos con fuerza hasta que las sientas calientes. Entonces cúbrete con ellas tus ojos cerrados y respira lentamente. Este truco común es tan rápido y fácil que puede hacerse casi en cualquier momento y en cualquier lugar. Pruébalo ahora.

Prueba la postura del niño. Los músculos se tensan a lo largo del día, y cuando te sientes estresado, el proceso se acelera. Estirarte suelta los músculos y fomenta la respiración profunda. La postura de yoga que relaja el estrés, y la postura del niño, puede calmar tu mente y tu cuerpo. Encuentra un lugar cómodo para arrodillarte, apóyate sobre los talones y después inclínate hacia delante y pon tu frente sobre el piso. Pon tus brazos junto a las piernas con las palmas hacia arriba y cierra tus ojos. Sitúate en esta posición relajando los hombros y el cuello. Sentirás un suave estiramiento en tus hombros y a lo largo de tu columna y tus brazos. Mantén esta posición durante al menos dos o tres minutos.

Toma un mini descanso. Cuenta hasta cinco antes de decir o hacer algo que podrías lamentar. Aléjate por un momento del factor estresante, camina por la habitación, o pon en silencio el teléfono. Usa tu mini descanso para respirar profundamente, estirarte o recitar tu lema calmante.

Relájate para ayudar a tu memoria

Inspira profundamente y después exhala el estrés. La respiración poco profunda puede hacer que tu corazón lata más rápido y tus músculos se tensen, haciendo que la sensación de estrés sea todavía peor. La respiración profunda oxigena la sangre, lo cual te ayuda a relajarte casi al instante. Inhala lentamente por la nariz, mantén la respiración por unos segundos, después exhala lentamente y repite.

Ajusta tu estilo de vida para incluir más tiempo de ocio y relaciones saludables. *Desarrolla tu sistema de apoyo* de familiares, amigos, vecinos, miembros de la iglesia y compañeros de trabajo. Conversa sobre tus preocupaciones con una persona de confianza. Conversar alivia la tensión, pone las cosas en perspectiva, y puede conducir a un plan de acción.

Practica técnicas de relajación como la relajación muscular progresiva, la imagen visual guiada, la respiración relajada, la meditación y la oración.

Cambia tu pensamiento

Practica el pensamiento positivo, como: "La vida es difícil, pero no desesperanzada". "Comenzaré a buscar opciones". "Las malas decisiones duelen, de modo que tomaré mejores decisiones".

Desafía los pensamientos inapropiados como: "Esta situación nunca mejorará". "Todo esto es culpa mía". "Solamente seré feliz cuando…". "A nadie la importa". "Tengo que ser perfecto". "No hay salida". "El futuro no tiene esperanza".

Intenta evitar la negación o el aislamiento, culparte a ti mismo o a los demás, el enojo, la justificación, o llegar a ser controlador o pasivo-agresivo.

Pide ayuda. Hay disponibles muchos libros y recursos en el internet. La consejería presencial individualizada y la ayuda médica pueden ser más útiles para algunos.

PARTE 4
LA ANSIEDAD Y TU CEREBRO

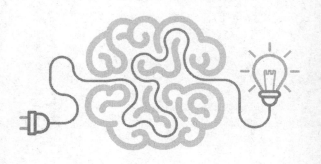

Cambia tu dieta

Deja de consumir cafeína, o reduce drásticamente productos que contengan cafeína como café, té, cola, bebidas energéticas y chocolate.

Consulta a un médico o farmacéutico antes de tomar medicinas sin receta o remedios de herbolario. Muchos contienen sustancias químicas que pueden aumentar los síntomas de ansiedad.

Evita comer avanzada la noche.

Evita saltarte comidas, ya que disminuye tu ritmo metabólico y nivel de energía.

Cuida tu dieta. Exceso de azúcar, alcohol, café, té y refrescos pueden robarle a tu sistema los nutrientes y la energía que necesita para manejar la ansiedad.

Cambia tu actividad

El ejercicio aeróbico regular reduce el nivel de hormonas relacionadas con el estrés en el cuerpo. Comienza una rutina gradual de ejercicio, y mantenla.

Duerme adecuadamente. La mayoría de las personas necesitan un promedio de siete horas y media de sueño cada noche.

Usa una frase repetitiva (o visualiza un lugar favorito) para ayudarte a desconectar. Decide una frase como: "cálmate". Cuando te sientas ansioso, repítela una y otra vez, y pronto la frase desencadenará la acción deseada. Se requieren tiempo y entrenamiento para que este método sea confiable.

Cambia tu perspectiva

Considera las probabilidades. Cerca del 95 por ciento de las preocupaciones nunca se cumplen, y la mayoría de las catástrofes de la vida nunca las vemos llegar. Preocuparse no tiene caso.

Vive un día cada vez. Quienes se preocupan obsesivamente viven en el futuro; quienes se preocupan depresivamente viven en el pasado. El futuro no está aquí; el pasado se fue. Vive en el presente.

Considera la probabilidad. Si la preocupación no se va, entonces pasa a la acción. Prepárate para lo peor, y después mejora a partir de ahí (aunque, con frecuencia, lo peor no sucederá).

Cuando te sientas abrumado por los detalles, recuerda *enfocarte en el cuadro general*. Puede que te ayude a priorizar los detalles que demandan tu atención.

Aprecia las cosas buenas en tu vida. Es difícil experimentar los sentimientos de ansiedad y gratitud al mismo tiempo.

Acércate a otros

Comparte con un amigo. Un viejo dicho muy cierto afirma: "Una carga compartida es solo la mitad de la carga". Forma algunas buenas amistades, y comparte con frecuencia. Conversa sobre tus problemas para obtener una nueva perspectiva. Un estudio sobre comunicación determinó que la persona ocupada promedio pasa el 80 por ciento de su día comunicándose. La división era un 45 por ciento escuchando, un 30 por ciento hablando, un 16 por ciento escribiendo, y un 9 por ciento leyendo.[1]

Busca ayuda si te sientes ansioso regularmente sin causa aparente. El ánimo y el consejo de un profesional pueden ayudarte a ponerte en contacto con los problemas profundos y desarrollar un plan para lidiar con ellos.

Consigue una evaluación médica y cuidado de seguimiento.

Recibe consejería con respecto a perspectivas, conducta (reducción del estrés) y apoyo cognitivo.

Pasa más tiempo en un entorno positivo con personas que te apoyen. Comparte risas, perdón y paciencia.

Consigue apoyo espiritual. Las personas enfermas con frecuencia hacen preguntas espirituales en su búsqueda de consuelo, significado y esperanza. Pueden acudir a sus creencias espirituales y su experiencia como fuente de fortaleza. La meditación y la oración pueden ayudar a la mente a relajarse y enfocarse.

Usa tu tiempo para reducir la ansiedad

Usa la técnica del límite de tiempo. Limita el "tiempo de preocupación" a un periodo concreto de quince minutos cada mañana y otros quince en la noche. Niégate a preocuparte sin parar porque eso desperdicia tu tiempo y te roba la energía.

Escucha música relajante. ¿Te has preguntado alguna vez por qué las tiendas proporcionan música fácil de escuchar? Ayuda a las personas a calmarse, y así pueden relajarse y quedarse por más tiempo en la situación presente.

Relájate. Cuando te sientas tenso, relaja los hombros y respira profundamente. Entonces tensa tus manos, pies y músculos faciales, y después destensa.

Desafía tus pensamientos

Consigue los datos. Las preocupaciones se desvanecen con frecuencia con los datos. Tal vez se ha pasado por alto el cuadro general. Los datos ayudarán.

Reduce la ansiedad mediante decisiones cognitivas. Las decisiones son poderosas para dirigir tu vida diaria. La fuente de ansiedad está en la mente, y debe ser controlada, desafiada y redirigida. Puede ayudar que clasifiques tus preocupaciones. Usando una escala de 1 a 5, siendo el 1 una inquietud menor y siendo el 5 una crisis, asigna un número a tus preocupaciones. Las que estén en un rango de 1 a 3 no son gran cosa. Suéltalas.

Son necesarias mejores creencias. Las creencias imprecisas pueden aumentar la ansiedad. Puedes ayudar a mantener bajo control tu ansiedad si desafías las distorsiones cognitivas:

- "No soy perfecto. Avanzaré hacia el crecimiento y me perdonaré a mí mismo cuando falle".
- "Esta situación no es el fin del mundo. Dios tiene todo bajo control".
- "Me estoy enfocando demasiado en lo negativo. Muchas cosas han ido bien en mi vida".
- "Solo porque crea que algo es verdad no significa que sea verdad".
- "El futuro no es desesperanzador. Puede salir bien del mal".
- "La vida es difícil pero no sin esperanza. Puedo dar batalla".

- "Escoger malos pensamientos duele, de modo que escogeré pensamientos saludables".
- "Las personas se interesan en distintos niveles, con frecuencia dependiendo de sus niveles de madurez".
- "Puede que sea difícil ver opciones, pero existen. Comenzaré a mirar".
- "Dos son mejores que uno".

Cambia tus entornos

Las emociones con frecuencia son "sensibles a la luz". *Lleva más luz* a tu hogar y tu oficina abriendo las cortinas y prendiendo otra luz. Encuentra un tono de luz que te calme; ciertas bombillas o fuentes de luz tienen matices amarillentos o azulados.

Crea un plan

Crea un plan de acción. Cuando lleguen problemas, planea opciones, enumera opciones buenas y malas, y después enumera opciones locas. Después escoge algunas opciones que puedas implementar ahora.

El cerebro registra temores personales, ansiedades y pruebas. Saber *por qué sufres* podría dirigirte hacia las soluciones.

Pasa a la acción. "Ora a Dios, pero rema hasta la orilla" (proverbio ruso).

PARTE 5

MEMORIA Y PROPÓSITO

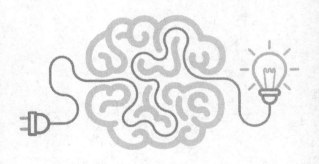

Reaviva tu propósito

Es un hecho: cada vez que tienes un recuerdo o un pensamiento nuevo, se crea una nueva conexión en tu cerebro.

Cuando somos niños fantaseamos acerca de un tesoro escondido en los bosques cercanos o dinero perdido entre montones de hojas secas fuera de las entradas de las tiendas. Mantenemos nuestros ojos pegados al suelo mientras caminamos, buscando encontrar cosas buenas. Siempre existe el potencial de encontrar algo especial. Tenemos ese mismo potencial en nuestras vidas hoy. Podemos tener habilidades que no hemos desarrollado o metas que han quedado olvidadas.

Con frecuencia escucho la frase: "Maximiza tu potencial". Es chistoso pensar en el potencial que tienen nuestros niños. Tenemos grandes sueños para ellos, pero olvidamos mantener nuestras propias visiones en constante crecimiento.[1]

Si preguntara a cien personas lo que esperan hacer o llegar a ser al final, probablemente recibiría cien respuestas diferentes. Algunos pueden fantasear con ser el presidente de su país, mientras que otros tan solo quieren sobrevivir al día. Los sueños de otros pueden ser dejar el alcohol, restaurar un matrimonio, o sobrevivir al cáncer. Todas ellas son visiones importantes porque son importantes para nosotros e inspiran la acción positiva.

Leroy Eimes, que trabajó en el ministerio *Navigators* por más de cincuenta años, preguntó una vez a un joven qué iba a hacer con su vida ahora que había terminado la escuela. El joven no dejaba de pensar, y finalmente dijo: "Creo que me compraré un Buick".*

(*) Marca de automóviles de lujo en EE. UU. (nota del editor)

Puede que te preguntes si tus metas son grandes o lo bastante buenas. Tal vez te estás timando a ti mismo como ese joven, o quizá tus metas necesitan estirarse más allá de tu cartera de inversiones y los metros cuadrados de tu casa. Tu visión dependerá parcialmente de tus relaciones, y eso es saludable. Tu familia, amigos, colegas, carrera profesional y pasatiempos no solo te mantienen activo, sino que también es probable que sostengan el propósito de tu vida.

En un sondeo cultural pop en el internet, algunas de las metas de vida más comunes que los jóvenes enumeraban son las siguientes:[2]

- estar feliz (contento, satisfecho)
- lograr crecimiento intelectual (logros educativos)
- tener libertad financiera (riqueza)
- tener éxito ocupacional
- tener relaciones cercanas
- tener paz mental
- cuidar de otros, ser caritativo
- cumplir con la moralidad personal (hacer las cosas correctas, integridad)
- practicar valores cristianos
- perseguir pasiones
- tener estabilidad y seguridad
- ser inspirador
- influenciar a otros (liderazgo)
- ser respetado
- apreciar la naturaleza y la belleza
- cumplir con valores sociales (paz, justicia, igualdad)

¿Qué hace que te levantes de la cama cada día?

¿Qué te mueve y te emociona? Creo que personas de todas las edades quieren un desafío, sea grande o pequeño, que los distinga de todos los demás. Yo quiero que cada persona convierta sus sueños al menos en cierto grado de realidad.

Hacemos planes para nosotros mismos cuando tenemos veinte años, y haremos lo mismo con treinta y con cuarenta. Si vas a hacer un cambio importante como mudarte a otro estado o redirigir tu carrera profesional, es probable que lo hagas en una de esas décadas. El balance entre tu vida y tu trabajo y el contentamiento probablemente está en niveles saludables, de modo que es el momento perfecto para evaluar tu agudeza mental junto con tus metas a largo plazo, pues trabajan juntas. Tu sensación de logro, mezclada con esperanza y confianza en lo que puedes hacer, ayudará a aclarar el propósito de tu vida.

Toda invención y obra maestra comenzó con un sueño, una intención que muestra lo que es importante para nosotros. El cerebro intenta con fuerza hacer lo que queremos que haga. Tener sueños y una misión de vida nos mantendrá centrados y creciendo.[3]

Mantén tu enfoque en el cuadro general

Sin propósito, naciones caen y empresas se declaran en bancarrota. Sin propósito, iglesias se desvanecen y las personas van sin rumbo. Sin propósito, el cerebro se ralentiza. Tal vez no estás seguro de cuál es el propósito de tu vida o lo has perdido de vista temporalmente. Es más que adquirir posesiones, hacer dinero, o viajar por el mundo. Hay algo más que solamente hacer cosas. Es vivir con propósito.

Tus pasiones y actividades relacionadas te producen satisfacción. Las cosas que logras con tu corazón y tus talentos son cosas que importan. Es tu aportación a lo largo del tiempo lo que al final marca la diferencia.

¿Has considerado cuál es el propósito de Dios para tu vida? En 1958 yo encontré mi propósito, o más bien el propósito me encontró a mí. Fue tener un ministerio para Cristo. Tenía yo doce años cuando Cristo se convirtió en mi mejor amigo. Nunca quise desagradarlo entonces, ni desde entonces. Quería potenciar mi cerebro para así poder ser eficaz para Él. Ese compromiso siempre dirigió mis decisiones importantes. Cuando desarrollé diabetes tuve miedo, pero me comprometí a confiar en Cristo y Él me bendijo.

¿Has oído alguna vez la vieja frase: "Los árboles no dejan ver el bosque"? Los "árboles" son todos los detalles de un problema amplio; en este caso, seguir el ritmo a las demandas de la vida diaria. El "bosque" es el cuadro general de tu legado. Alguien que está tan consumido con todos los detalles puede que no aprecie los resultados. Yo he visto suceder eso con personas que durante meses se preocupan por una reunión familiar en las vacaciones, pero se pierden la alegría del mismo evento. Lo he visto en adictos al trabajo que se agotan y pierden a su familia y amigos. Pierden el balance y la perspectiva de lo que en realidad importa en sus vidas: las relaciones.

En ocasiones es difícil mantenerse enfocado debido a la multitud de demandas que hay sobre nuestro tiempo. ¿Alguna vez estuviste tan consumido por el ajetreo que te perdiste la alegría de un gran momento? Eso sucede a menudo cuando las personas están desarrollando sus carreras profesionales, criando hijos, o manejando las estaciones del matrimonio. Cuando te sientas abrumado por las circunstancias, detente y piensa en el cuadro general. Entiende que muchas de las circunstancias que pueden distraerte son tan solo temporales. Esto puede ayudarte a priorizar detalles que consumen tu tiempo. Te darás cuenta de que algunos proyectos o actividades no tienen nada que ver con apoyar tus prioridades. Esas cosas deben ser eliminadas gradualmente. Mantén tu energía enfocada en las cosas que mejoran tus intereses. Mantén el rumbo.

Si miras atrás y te sientes culpable porque subir la escalera del éxito se hizo a costa de tu matrimonio, tus hijos, tu iglesia o tu salud, perdónate a ti mismo y *resetea* tu enfoque. Lo mismo es cierto para el cuidado de la memoria. Si has ignorado el ejercicio cerebral regular y ahora temes que sea demasiado tarde, no lo es. Nunca es demasiado tarde para ocuparte de tu mente.

Puedes tener una vida con propósito

Contrariamente a la creencia popular, las estadísticas muestran que retirarse de la carrera profesional no hace que las personas mueran tempranamente. Según datos compilados por la Administración de la Seguridad Social, un hombre que alcanza los 65 años de edad hoy puede esperar vivir, como promedio, hasta los 84,3 años. Una mujer que cumple 65 años hoy puede esperar vivir, como promedio, hasta los 86,6 años. Y son solo promedios. Aproximadamente una de cada cuatro personas de 65 años, hoy vivirá hasta más de los 90, y uno de cada diez vivirá hasta más de los 95.[4]

Un creciente número de estadounidenses están alcanzando los 100 años de edad. La población centenaria ha aumentado en un 65,8 por ciento en los últimos treinta años.[5] Lo fundamental es que la mayoría de las personas tendrán más de veinte años para disfrutar de su retiro. Es un tiempo precioso que puede usarse para marcar una diferencia.

Tus circunstancias e incluso algunas metas cambiarán en cada etapa de la vida, y eso es normal; sin embargo, ¿serán las mismas tus pasiones principales? ¿Han sido una guía firme a lo largo de los años? Todos batallamos con esto.

¿Qué quieres tú de la vida? ¿En qué sobresales? ¿Qué quieres lograr? ¿Qué es lo que más te importa? ¿Cómo quieres ser recordado cuando mueras? Cualquiera que tenga más de veinte años (lo cual probablemente incluye a la mayoría de los lectores de este libro) necesita considerar estas tres preguntas y pensar en los siguientes consejos:

Enfócate en lo que sientes que es consistentemente importante para ti. Escoge actividades que apoyen tus metas.

Busca las necesidades de otros y trabaja para mejorar sus vidas de cualquier modo que puedas.

Sé consciente de tus sentimientos pero *enfócate en tu conducta*. "No haces lo que haces porque sientes lo que sientes; sientes lo que sientes porque haces lo que haces". Puede que necesites leer la frase unas cuantas veces para comprender plenamente el concepto y aplicarlo a tus experiencias.[6]

Piensa en ideas acerca de oportunidades y actúa en las que potencien tu misión.

Sé realista y mantente flexible. Hay muchas maneras de alcanzar la mayoría de las metas.

Ten un estilo de vida balanceado física, mental, emocional y espiritualmente.

Socializa con otros con frecuencia (asiste a servicios de adoración, participa en actividades, y nutre las relaciones familiares y de amistad).

Mantente activo mentalmente.

Descríbete a ti mismo

Escribe palabras o frases a continuación que describan tus cualidades y elecciones únicas.

1. Características especiales:

2. Habilidades especiales e intereses:

3. Relaciones clave:

4. Principales prioridades (más valoradas):

5. Metas importantes que están en consonancia con tus valores:

Ahora subraya las palabras anteriores que te producen más alegría y satisfacción. Usa esas palabras para trazar tu estrategia para vivir con propósito.

Puedes preservar tu mente

Es un hecho: el cerebro representa aproximadamente el 20 por ciento de las necesidades de energía, y usa el 20 por ciento del oxígeno y la sangre que circula por nuestro cuerpo.[7]

Pasamos mucho tiempo pensando en la salud de nuestro corazón y de nuestra piel porque son fundamentales para nuestro bienestar y nuestro aspecto; sin embargo, ¿cuántas veces pensamos en cuidar nuestro órgano más importante: el cerebro?

Prende el televisor, hojea revistas y navega por el internet, y verás multitud de anuncios sobre cómo la persona puede lucir, sentirse y mantenerse joven. Los hombres calvos pueden ver crecer su cabello, y hay una crema milagrosa para cada necesidad. La gente piensa: "Si hago esos ejercicios o tomo esas píldoras...". Los medios de comunicación se han sobrepasado a la hora de mantener vivo el aspecto juvenil. Me gustaría que prestaran la misma atención a fomentar la salud cerebral para las personas de todas las edades. Sin embargo, gracias al uso extendido del internet, ahora hay muchos recursos de salud cerebral que son accesibles a casi todos los hogares. Pero esto nos lleva a otro asunto.

Reinicia tu compromiso de autoayuda

Hay mucha evidencia de que lo que hacemos ahora por nuestro cerebro puede tener un gran impacto en el modo que funcione en los años venideros. Algunos de los riesgos de deterioro cerebral no pueden controlarse, como el historial familiar o la enfermedad mental; sin embargo, hay muchos factores positivos que *podemos* controlar y que marcan una diferencia importante: estar casados, tener al menos dos amigos cercanos, vivir en una zona rural o visitarla regularmente, no fumar, hacer ejercicio, dormir de seis a ocho horas en la noche, tener un peso normal, comer frutas y verduras, y no comer muchas grasas o alimentos dulces.[8]

Sin embargo, a pesar de cuán proactivos seamos, no podemos evitar que nuestro cerebro cambie con la edad y experimente episodios de olvido, distracción o niebla mental.

"Vaya... ¿dónde estacioné el auto?".

"Esa mujer me resulta familiar... ¿cómo se llama?".

Perder algo de claridad mental con el paso del tiempo es normal. Las causas más comunes son el envejecimiento, enfermedades crónicas, desbalances químicos, efectos secundarios de medicinas, abuso de sustancias, enfermedades, deficiencias nutricionales, falta de sueño, falta de actividad mental y física, y otras. Sin embargo, incluso con todos esos riesgos que tenemos en contra, hay igualmente muchas cosas que podemos hacer para contrarrestarlos. Probablemente ya eres consciente de los consejos más conocidos para el cuidado de la memoria e incluso la ciencia que hay tras ellos. Algunos son simplemente de sentido común, mientras que otros requieren conocimiento, juicio y decisión; sin embargo, incorporarlos a tu estilo de vida diario es más fácil decirlo que hacerlo. La postergación y la apatía pueden aparecer rápidamente.

Puede ayudar tener a alguien a quien rendir cuentas, como un familiar o un amigo, para mantenerte motivado. Créeme, los beneficios en el corto plazo, y especialmente en el largo plazo, valen la pena el esfuerzo.

Comienza ahora. A veces más adelante se convierte en nunca.

Sigue alimentando tu cerebro

Comemos tres veces al día para alimentar nuestro cuerpo; entonces, ¿no deberíamos dar información regularmente a nuestro cerebro? Esto tiene que ser un proceso continuado, y no solo encuentros puntuales. No basta con leer algo una sola vez y esperar retenerlo. Esta "alimentación" puede ser divertida porque siempre hay algo nuevo que aprender en tus áreas de interés. Lee revistas y libros sobre temas que te interesen. Navega por temas favoritos en el internet. La persona promedio navega por unos cien dominios en el internet cada mes, según un cálculo de Nielsen en 2013. Sin embargo, eso es solo el inicio. Hay aproximadamente mil millones de páginas en el internet, lo cual proporciona mucho en lo que pensar.[9]

Intentar resumir los distintos tipos de conocimiento es difícil porque no hay una lista maestra. Hay muchas opiniones sobre categorías de conocimiento, pero para mi propósito usaré estas tres: personal, procedimental y proposicional.

El *conocimiento personal* es por familiaridad, del tipo que tenemos cuando decimos cosas como: "Conozco a mi cónyuge".

El *conocimiento procedimental* es cómo hacemos algo, como por ejemplo manejar. Es tener el conocimiento para realizar habilidades.

El *conocimiento proposicional* es tener hechos. Cuando decimos cosas como "sé que los tres ángulos de un triángulo suman 180 grados" o "sé que te comiste mi galleta", tenemos conocimiento proposicional.

El conocimiento proposicional (los hechos) es el que puede desarrollar nuestro intelecto y mejorar nuestra memoria. Intenta poner en acción un plan como el siguiente:

- Haz una lista de tus intereses especiales y decide dónde encontrarás nueva información sobre ellos. Por ejemplo, ¿quieres saber más sobre manualidades, reparación de autos, enfermedades médicas, fitness, viajes, entretenimiento o pesca?
- Aprende y sigue revisando la nueva información en esas áreas para revitalizar tus circuitos cerebrales.
- Además, estudia y repasa temas de conocimiento general como alfabetismo cultural. Los cien hechos de conocimiento general en la sección Potenciadores de Memoria están pensados para estimular tu cerebro. Cuando encuentres todas las respuestas correctas, repásalas una y otra vez.
- Sigue aprendiendo palabras nuevas y sus significados.
- Empuja a tu cerebro a razonar mejor y a mejorar el procesamiento rápido de información. Hay ejercicios en el internet y juegos de memoria también para eso.

Tu tarea es seguir dando información a tu cerebro. La meta es mantener neurotransmisores, conexiones sinápticas e impulsos nerviosos por las sendas de los circuitos cerebrales, sustancias químicas y neuronas trabajando juntos en un proceso constante, suave y organizado. El balance y la armonía de las partes que almacenan y procesan tu memoria son la meta.

Para decirlo de modo más sencillo, para que las neuronas estén activas deben recibir estímulos. Cada neurona tiene muchas dendritas que reciben mensajes eléctricos, y los campos dendríticos pueden aumentar mediante la *educación personal*. ¡Mantén tus dendritas prendidas!

Termina bien

Es un hecho: tú sabes lo que es bueno para tu cerebro. Toma decisiones sabias hoy para poder sentirte mejor, pensar mejor y vivir mejor mañana. Lo bueno acerca de tu cerebro es que mientras más lo usas, más mejora.

En abril de 2016 Patti Davis Reagan, autora, actriz e hija del presidente Ronald Reagan y Nancy Reagan, escribió el siguiente testimonio acerca de la batalla de su padre contra la enfermedad de Alzheimer:

> Al Alzheimer no le importa si eres el presidente de los Estados Unidos o un estibador. Roba lo que es más precioso para un ser humano: recuerdos, conexiones, las marcas familiares de toda una vida en las que todos confiamos que mantendrán nuestro lugar seguro en este mundo y nos mantendrán unidos a quienes hemos llegado a conocer y amar. Yo observé cómo el temor invadía los ojos de mi padre; este hombre que nunca tenía miedo a nada. Escuché su voz temblar cuando estaba en la sala y dijo: "No sé dónde estoy". Observé sin poder ayudar cuando él buscaba recuerdos, palabras, que de repente ya no alcanzaba y se alejaban cada vez más. Por diez largos años fue a la deriva, más allá de los recuerdos que marcaron su vida, de lo que era familiar… y, por fortuna, finalmente más allá del temor.
>
> El Alzheimer es el pirata supremo, que saquea la vida de una persona y deja un paisaje vacío tras su paso. Alcanza a familias enteras, forzando a cada uno a seguir adelante difícilmente en medio de una tristeza, confusión, impotencia y enojo abrumadores…

Dos veces por semana dirijo un grupo de apoyo llamado "Más allá del Alzheimer" para cuidadores y familiares de quienes tienen Alzheimer y demencia. Miro ojos afligidos que me recuerdan a los míos cuando mi padre estaba enfermo. Escucho historias de impotencia y pérdida, y continuamente me conmueve la valentía de quienes despiertan cada mañana sin saber quién será su ser querido ese día, o lo que se perderá. La única certeza con el Alzheimer es que se perderá cada vez más y la enfermedad siempre ganará al final.[10]

Decide tu plan de acción de cuidado cerebral personal

La buena noticia es que tu salud mental responde a la alimentación.

Haz una lista de cosas que puedes hacer para ejercitar tu cerebro y pégala en el refrigerador. Para las actividades que pueden tomar un poco de tiempo, decide cuánto tiempo por semana puedes dedicarles. Sé realista y flexible. Mantener las metas en el corto plazo es lo que te llevará al éxito en el largo plazo.

Las siguientes son algunas ideas básicas para ayudarte a comenzar:

- Haz cambios conductuales diarios. Desayuna, lee un breve mensaje devocional, escoge tres cosas que quieras lograr cada día, incluye un contacto social, respira aire fresco, etc.
- Hazte chequeos médicos regulares y sigue los tratamientos (tu salud física influye en tu salud mental).
- Cambia tus rutinas un poco. Es bueno para tu cerebro.
- Consigue que otros te ayuden a mantener el rumbo (compañeros a quienes rendir cuentas).
- Aprovecha las tendencias en salud. Mejor nutrición y más ejercicio físico y mental aclararán tu cabeza y te darán energía.
- Identifica y reduce tus malos hábitos. El daño puede ser reversible.
- Ríe más. Busca en la biblioteca libros y películas divertidos.

- Ve a algún lugar cada día, y lee todo lo que puedas: etiquetas de alimentos en el supermercado, boletines de la iglesia, o incluso correo basura.
- Asegúrate de que tus decisiones diarias en tu estilo de vida reflejen tus valores y metas centrales.

Haz que los recuerdos sean parte de tu plan de acción para el cuidado del cerebro

Es una buena idea hacer una lista de tus recuerdos especiales e ir añadiendo a ella elementos tantas veces como puedas. Sabemos por experiencia personal que no siempre son los grandes eventos los que dejan una impresión permanente en nuestra mente. En ocasiones, son las incidencias pequeñas y diarias las que permanecen en nuestra mente durante toda la vida. Si están grabadas, fantasía y realidad pueden ordenarse a medida que los recuerdos envejecen. Tener diarios con recuerdos atesorados será una bendición futura para ti y también una ayuda útil para tus cuidadores.

Comienza a recolectar algunos de los siguientes recuerdos sobre varios temas y escríbelos. Añadir más detalles en los años venideros será una bendición para ti y para tu familia.

- álbumes de fotos y de recortes
- un cuaderno para anotar recuerdos familiares como:
  - hitos
  - tradiciones vacacionales
  - amigos favoritos
  - hechos interesantes sobre ancestros
  - casas y vehículos
  - bromas y dichos familiares
  - honores, logros
  - mascotas
  - niñez
  - vacaciones
  - escuelas e iglesias
  - "primeras veces"
  - la felicidad es…
  - temores y errores
  - las pequeñas cosas
  - deportes
  - comidas favoritas

¿Cuál es tu plan de acción?

Para marcar una diferencia en tu habilidad mental en el largo plazo, necesitarás hacer algo más que cambiar esporádicamente una rutina. Necesitarás un plan que no solo enumerará de modo concreto lo que quieres cambiar, sino que también determinará cuándo, dónde y cómo lo harás. Comprometerte a esos cambios conductuales marcará una gran diferencia. La mejor manera de lograr hacer algo es comenzar.

Marca lo que te comprometerás a hacer ahora:

- ☐ luchar contra la procrastinación ("comenzaré después de…; no es tan importante; ahora estoy demasiado ocupado")
- ☐ leer etiquetas de alimentos en el supermercado: información nutricional y listas de ingredientes; buscar tres o más gramos de fibra integral, menos del 5 por ciento de sodio, y proteína. (*Bandera roja*: cuando los primeros ingredientes son azúcar o derivados, granos refinados, grasas trans o aditivos químicos)
- ☐ simplificar tus rutinas y priorizar tus actividades para disminuir el estrés
- ☐ mejorar tus hábitos de sueño
- ☐ comenzar a seguir más la dieta mediterránea
- ☐ disminuir la cafeína y el alcohol
- ☐ reavivar un interés especial
- ☐ descubrir cuál es tu índice de masa corporal (IMC)
- ☐ consultar los efectos secundarios en la información de tus medicamentos

- [ ] probar los ejercicios 7 x 7 al levantarte
- [ ] considerar necesidades de vitaminas y antioxidantes
- [ ] programar un chequeo de salud con tu médico
- [ ] usar tu mano no dominante para todo lo que puedas
- [ ] no ir a dormir con hambre o después de comer en exceso
- [ ] variar la rutina de ejercicios
- [ ] hacer ejercicio ligero o moderado de veinte a treinta minutos cada día
- [ ] programar salidas sociales con familiares o amigos
- [ ] comer más proteína magra y menos azúcar
- [ ] leer algo cada día (revista, periódico)
- [ ] evitar el aburrimiento
- [ ] repasar los ejercicios potenciadores de memoria en este libro
- [ ] comer alimentos "coloridos": naranja, rojo, azul, púrpura y verde
- [ ] aprender a hacer algo nuevo
- [ ] identificar una cosa que sea estresante en tu vida y crear un plan para abordarla

Prueba este plan durante una o dos semanas. Si no funciona para ti después de esa prueba, escoge otras opciones y haz ajustes, pero no te des por vencido. ¡Por lo menos estás en el centro exacto y estás haciendo algo!

Conclusión

¿Has observado que cada película, libro, sermón o presentación se resume en una sola frase para propósitos promocionales? El resumen de este libro podría ser simplemente: "Reduce tu riesgo de deterioro mental". Es una frase de acción acerca de tomar decisiones personales que pueden proteger tu memoria y darte una mejor oportunidad de atravesar la ancianidad con tu mente intacta.

Las perspectivas y consejos prácticos que hay en este libro son informativos, de apoyo y alentadores. Espero que te resulten útiles. Independientemente de cualquier mala decisión que hayas tomado en el pasado, puedes tomar mejores decisiones en el presente. He compartido algunas de mis historias personales, fortalezas, debilidades y, sobre todo, mis decisiones. Tus decisiones también importan.

Es mi esperanza que todas las personas tengan una vida saludable y feliz hasta el final. Quiero que seas amable y paciente contigo mismo y que te relajes con paz al final de cada día. A medida que tu vida es enriquecida por el amor y la gracia de Dios tú, a su vez, podrás enriquecer las vidas de quienes te rodean. Mira cada día como una oportunidad de tomar buenas decisiones para tu salud espiritual, física, emocional y mental.

Dios te bendiga en tu viaje personal.

Apéndice: Respuestas

¿Qué sabes?
Las afirmaciones son correctas/verdaderas.

Prueba de vocabulario
Las respuestas correctas son 1-C, 2-B, 3-A, 4-D, 5-A, 6-B, 7-C, 8-C, 9-C, 10-B.

Adivinanza 1
Interpretación: el hombre que mira el retrato no tiene hermanos ni hermanas. El hijo de su padre es él mismo; por lo tanto, él es el padre del hombre del retrato. El hombre está mirando un retrato de su hijo.

Personajes históricos
Las características son correctas/verdaderas.

Historia de las ideas
Falso. Varias fechas están desordenadas cerca del final.

Adivinanza 2
Interpretación: la pregunta que hay que hacer a los dos hombre es: "¿qué diría él (el otro hombre presente)?". El hombre que

no podía mentir diría que el otro hombre (que no podía decir la verdad) señalaría la dirección incorrecta. El hombre que no podía decir la verdad diría que el otro hombre (que no podía mentir) señalaría también la dirección incorrecta; no que el hombre que no podía mentir no mentiría, sino que el hombre que no podía decir la verdad mentiría. Por lo tanto, la dirección correcta sería la contraria de la que dijera cualquiera de los hombres o los dos.

Gobierno de los Estados Unidos
Las frases son correctas/verdaderas.

Constitución de los Estados Unidos
Las enmiendas son correctas/verdaderas.

Épocas históricas
La secuencia es correcta/verdadera.

Personalidades históricas
Las frases son correctas/verdaderas.

Música y memoria
La información es correcta/verdadera.

Ejercicios conceptuales
La respuesta correcta para cada uno de ellos es "a".

Pasiones y propósito de los exploradores
Los datos son correctos/verdaderos.

Clásicos literarios
No todos son correctos: Poe escribió "El cuervo" (The raven), no "La corneja".

Personas famosas en la historia
Los datos son correctos/verdaderos.

Conceptos matemáticos
Las definiciones son correctas/verdaderas.

Apéndice: Respuestas

Definiciones de biología
Las definiciones son correctas/verdaderas.

Imágenes en monedas y billetes
El número 9 es incorrecto. Se propuso cambiar la imagen en el billete de cincuenta dólares por la de Ronald Reagan, pero no se produjo. La respuesta correcta es Ulysses S. Grant.

Funciones de la mente
Las frases son correctas/verdaderas.

Conoce tu idioma
Falso. Las definiciones para los números 7 y 8 (adjetivo y adverbio) están al revés.

Homógrafos
1. fruta/sartén = mango
2. vino/calzado = bota
3. ejército/agua = tanque
4. tenis/nieve = raqueta
5. animal/fuego = llama
6. hueso/temperatura = tibia
7. marítimo/noticias = canal
8. pegamento/rabo = cola
9. aromatizador/martillo = clavo
10. capital/fruta = lima

Bibliografía

Abaya, Carol. "Is Your Life Being Squeezed?". The Sandwich Generation. http://www.sandwichgeneration.com/.

"Calculators: Life Expectancy". Social Security Administration. 2016. https://www.ssa.gov/planners/lifeexpectancy.html.

Cherry, Kendra. "7 Myths about the Brain". *Neuroscience and Biological Psychology*, 8 de enero de 2016. https://www.verywell.com.

"Cognitive Assessment". Alzheimer's Association. 2016. http://www.alz.org/health-care-professionals/cognitive-tests-patient.

Congos, Dennis. "9 Types of Mnemonics for Better Memory". The Learning Center Exchange. http://www.learningassistance.com/2006/january/mnemonics.html.

"Diagnosis of Alzheimer's Disease and Dementia". Alzheimer's Association. http://www.alz.org/alzheimers_disease_diagnosis.asp.

Dillinger, Samantha. "The Most Important Goals". Ranker. 2016. http://www.ranker.com/list/most-important-life-goals-list/samantha-dillinger.

Helmuth, Laura. "Top Ten Myths about the Brain". *Science-Nature*. 19 de mayo de 2011. http://www.smithsonianmag.com/sciencenature/top-ten-myths-about-the-brain-178357288/.

LaFrance, Adrienne. "How Many Websites Are There?". *The Atlantic*, 30 de septiembre de 2015. http://www.theatlantic.com /technology/archive/2015/09/how-many-websites-are-there/408151/.

Lee, Dick, y Delmar Hatesohl. "Listening: Our Most Used Communication Skill". The University of Missouri. 2015. http://extension.missouri.edu/p/CM150.

Mastin, Luke. "The Human Memory". 2010. http://www.human-memory.net/brain_neurons.html.

Matthews, Dale. "Staying Young". *Today's Better Life* (verano 1992): pp. 93–95.

Meynert, Barbara. "Growing Old Isn't for Sissies". Sage Vita. 10 de enero de 2013. http://www.sagevita.com/learning/growing-old-isnt-for-sissies/.

Michelon, Pascale. "Brain Teaser to Exercise Your Cognitive Skills: Where Do Words Go?", SharpBrains. 20 de junio de 2014. http://sharpbrains.com/blog/2014/06/20/brain-teaser-to-exercise-your-cognitive-skills-where-do-words-go/.

Minirth, Frank. *Boost Your Brainpower*. Grand Rapids: Revell, 2010.

———. *A Brilliant Mind: Proven Ways to Increase Your Brainpower*. Grand Rapids: Revell, 2007.

———. "Reach for the Blue Skies". *Today's Better Life* (primavera 1993): pp. 39–41.

Minirth, Frank, y Paul Meier. *Happiness Is a Choice*. Grand Rapids: Baker Books, 1988.

Minirth, Frank, Paul Meier, Richard Flournoy, y Jane Mack. *Sweet Dreams*. Grand Rapids: Baker Books, 1985.

Raichle, Marcus E., y Debra A. Gusnard. "Appraising the Brain's Energy Budget". Proceedings of the National Academy of Sciences 99, no. 16 (2002): 10237–39. http://www.pnas.org/content/99/16/10237.full.

Reagan, Patti Davis. "An Open Letter to Will Ferrell". Libros de Patti Davis. 28 de abril de 2016. http://booksbypattidavis.com/an-open-letter-to-will-ferrell.

"Researchers DeBunk Myth of 'Right-Brain' and 'Left-Brain' Personality Traits". Universidad de Utah Health Care. 14 de agosto de 2013. http://healthcare.utah.edu/publicaffairs/news/2013/08/08-14-2013_brain_personality_traits.php.

Reuell, Peter. "Muting the Mozart Effect". *Harvard Gazette*, 11 de diciembre de 2013. www.news.harvard.edu/gazette/story/2013/12/muting-the-mozart-effect/.

Sightings, Tom. *Sightings over Sixty* (blog). 6 de enero de 2015. http://sightingsat60.blogspot.com/.

Sperry, Roger W. "Split-Brain Approach to Learning Problems". En Quarton, Melnechuk, y Schmitt, *The Neurosciences: A Study Program*. New York: Rockefeller University Press, 1967, pp. 714–22. people.uncw.edu/puente/sperry/sperry papers/#1967.

"Symptoms and Causes". Mayo Foundation for Medical Education and Research. 2016. http://www.mayoclinic.org/diseases-conditions/alzheimers-disease/symptoms-causes/dxc-20167103.

"The Ten Best Vocabulary Learning Tips". Sheppard Software. 2016. http://www.sheppardsoftware.com/vocabulary_tips.htm.

"The World: Life Expectancy (2017)". geoba.se. http://www.geoba.se/population.php?pc=world&type=15.

Vos Savant, Marilyn, and Leonore Fleischer. *Brain Building in Just 12 Weeks*. New York: Bantam Books, 1990. http://marilynvossavant.com.

Notas

Parte 2 Potenciadores de la memoria

1. Vos Savant y Fleischer, *Brain Building*, p. 78.
2. Cherry, "7 Myths about the Brain".
3. Mastin, "The Human Memory".
4. Helmuth, "Top Ten Myths about the Brain".
5. Sperry, "Split-Brain Approach to Learning Problems".
6. "Researchers DeBunk Myth of 'Right-Brain' and 'Left-Brain' Personality Traits".
7. Reuell, "Muting the Mozart Effect".
8. Vos Savant y Fleischer, *Brain Building*, p. 94.
9. Sightings, *Sightings over Sixty* (blog).
10. Meynert, "Growing Old Isn't for Sissies".
11. Minirth, Meier, Flournoy, and Mack, *Sweet Dreams*, p. 45.
12. "Symptoms and Causes".
13. Matthews, "Staying Young", p. 95.
14. Congos, "9 Types of Mnemonics for Better Memory".
15. Adaptado de Minirth, *A Brilliant Mind*, pp. 129–30.
16. "The Ten Best Vocabulary Learning Tips".
17. Michelon, "Brain Teaser to Exercise Your Cognitive Skills."
18. Minirth, *Boost Your Brainpower*, p. 27.
19. "Cognitive Assessment".
20. "Diagnosis of Alzheimer's Disease and Dementia".

Parte 3 El estrés y tu cerebro

1. Carol Abaya acuñó estos términos. Ver Abaya, "Is Your Life Being Squeezed?". La trabajadora social Dorothy Miller creó el término "generación sándwich" en 1981. La periodista Abaya categorizó los diferentes escenarios involucrados en ser parte de la generación sándwich. Sigue estudiando y exponiendo lo que significa el término a medida que la tendencia aumenta.

Parte 4 La ansiedad y tu cerebro

1. Lee y Hatesohl, "Listening".

Parte 5 Memoria y propósito

1. Minirth, "Reach for the Blue Skies", p. 39.
2. Dillinger, "The Most Important Goals".
3. Minirth, "Reach for the Blue Skies", pp. 39-40.
4. "Calculators: Life Expectancy".
5. "The World".
6. Minirth y Meier, *Happiness Is a Choice*, 174.
7. Raichle y Gusnard, "Appraising the Brain's Energy Budget".
8. Matthews, "Staying Young", p. 95.
9. LaFrance, "How Many Websites Are There?".
10. Reagan, "An Open Letter to Will Ferrell".

Acerca del autor

El **Dr. Frank Minirth** (1946-2015) fue presidente de la Clínica Minirth en Richardson, Texas, y profesor adjunto en el Seminario Teológico de Dallas. Fue el autor o coautor de varios libros, entre los que se incluyen los éxitos de ventas *Happiness is a choice* (La felicidad es una elección) y *Strong Memory, Sharp Mind* (Memoria fuerte, mente aguda). Para más información, visita www.minirthclinic.com.